Sebastiana Quebra o Galho
do Homem Solteiro, Divorciado etc...

Sebastiana Quebra o Galho do Homem Solteiro, Divorciado etc...

Dicas de
Nenzinha Machado Salles
autora de
Sebastiana Quebra-Galho

Organizado por
Alexandre Raposo

5ª EDIÇÃO

EDITORA RECORD
RIO DE JANEIRO • SÃO PAULO
2009

CIP-Brasil. Catalogação-na-fonte
Sindicato Nacional dos Editores de Livros, RJ.

R167s Raposo, Alexandre
5ª ed.   Sebastiana Quebra o Galho do Homem Solteiro,
Divorciado etc... / seleção e organização de Alexandre
Raposo. – 5ª ed. – Rio de Janeiro: Record, 2009.

Seleção e organização de receitas e dicas do livro
Sebastiana Quebra-Galho, de Nenzinha Machado
Salles
Inclui bibliografia

ISBN 978-85-01-05996-3

1. Economia doméstica. I. Salles, Nenzinha
Machado. Sebastiana quebra-galho II. Título.

00-1263

CDD – 640
CDU – 64

Copyright © 1978 by Nenzinha Machado Salles

Capa, Projeto gráfico e Ilustrações: Glenda Rubinstein

Direitos exclusivos desta edição reservados pela
EDITORA RECORD LTDA.
Rua Argentina 171 – Rio de Janeiro, RJ – 20921-380 – Tel.: 2585-2000

Impresso no Brasil

ISBN 978-85-01-05996-3

PEDIDOS PELO REEMBOLSO POSTAL
Caixa Postal 23.052 – Rio de Janeiro, RJ – 20922-970

PARA COMEÇO DE CONVERSA:

- *Não entre em pânico.*
- *Respire fundo, olhe novamente em torno.*
- *Caso não saiba o que fazer, nada faça.*
- *Consulte este manual sempre que estiver em apuros.*

Saiba que você não é o primeiro e nem será o último dos homens a ver-se subitamente desamparado, sem o apoio de uma mulher – mãe, tia, avó, irmã, amiga, namorada ou esposa – que tome conta de tudo. Outros já passaram por isso e, acredite ou não, sobreviveram ao trauma.

Tudo bem. Concordamos que é uma situação extremamente desagradável. Mas não é o fim do mundo. E, acredite você ou não, vamos ajudá-lo a pôr ordem nesta bagunça.

Por sorte você é um sujeito de mente aberta, sem idéias preconcebidas. Com certeza, o seu único preconceito é contra gente intolerante. Muito bacana. Apoiamos. Exatamente por isso, fizemos um livro sem frescuras, um manual curto e grosso, direto ao assunto, que é para você esquecer de uma vez por todas essa idéia tola de que cuidar da própria casa não é coisa de homem.

Se ainda tiver alguma dúvida, faça uma faxina caprichada, como deve ser feita, lavando cozinha, limpando fogão, janelas, sofás e cortinas, areando panelas, lavando e passando toda a roupa – inclusive a de cama, mesa e banho –, e vai acabar concordando que os afazeres do lar são uma guerra justa e honrada, a "boa luta" dos antigos, esforço para guerreiro nenhum botar defeito.

Justamente por ser a lida doméstica uma guerra de verdade, com todo sangue, suor e lágrimas a que tem direito, dividimos este manual em unidades – na realidade em várias frentes de combate, não por acaso aquelas nas quais você anda levando uma surra do adversário.

No complexíssimo *front* da cozinha, por exemplo, você não só vai encontrar dicas de como aperfeiçoar o seu feijão-arroz-bife-batata-frita de cada dia, como também conhecerá sofisticadas técnicas de sobrevivência doméstica, como aprender a conservar alimentos, cuidar da manutenção de panelas e dar jeito no feijão ralo e azedo que sobrou do almoço de sábado passado.

Na seção de faxina, encontrará tópicos interessantíssimos como, por exemplo, a arte de limpar vidros, espelhos, azulejos, boxes e vasos sanitários encardidos. Aprenderá também como retirar diferentes tipos de mancha de diferentes materiais e superfícies, além de descobrir como eliminar qualquer mau odor do ambiente.

Em lavanderia e tinturaria, conhecerá truques incríveis de como manter a roupa sempre limpa, passada e com jeito de nova. Descobrirá também como lavar tapetes, carpetes e redes de dormir e, finalmente, será revelado o mistério de como retirar aquelas malditas marcas de ferrugem de sua melhor camisa de festa.

Além disso, o manual oferece uma seção de saúde e beleza – os brutos também amam –, e outra de primeiros-socorros, na qual, entre outras peripécias paramédicas, você aprenderá a fazer massagem cardíaca, respiração artificial e a prestar socorro a gente acometida de diferentes tipos de intoxicações e envenenamentos.

O livro termina com uma seção intitulada *Oficina etc.*, contendo uma miscelânea de dicas e truques espertíssimos para os mais variados consertos e acertos do cotidiano doméstico.

Então, o que está esperando? Vire mais esta página de sua vida. Torne-se senhor de seu nariz, capaz de solucionar sozinho os grandes problemas do dia-a-dia. Afinal, você é um homem liberado, emancipado e independente. E está mais do que na hora de começar a agir de acordo com a própria fama.

COZINHA

Sim. Co-zi-nha. Aquele lugar onde se faz comida. O laboratório no qual, eventualmente, você prepara as suas inomináveis gororobas. Aquele canto da casa que você apelidou de "Sala Star Trek", por tratar-se do espaço desconhecido, da fronteira final, lugar misterioso onde nenhum homem jamais esteve. Lembrou-se agora? Pois bem.

Nesta seção você não encontrará receitas. Para isso existem livros e revistas especializadas. O que ensinaremos a seguir é o que fazer quando a receita não funcionar. Como proceder, por exemplo, quando o feijão queimar, o arroz empapar, a omelete desandar, o leite azedar, entre tantos outros infelizes — embora freqüentes — acidentes culinários.

Em suma, nas próximas páginas você vai encontrar tudo aquilo que sempre quis saber sobre culinária mas que receita nenhuma se dignou a explicar em detalhes. Preparado? Então vamos arregaçar as mangas e meter a mão na massa. Literalmente.

—TRUQUES DE CULINÁRIA ELEMENTAR—

Arroz solto

Siga um dos conselhos abaixo:

- Durante o cozimento, acrescente uma colher de vinagre à água do arroz.

- Acrescente um pouco de água fria com algumas gotas de limão quando a primeira água estiver secando.

- Se o arroz cozinhou demais e empapou, despeje-o dentro de uma peneira ou escorredor e lave-o sob uma torneira de água fria até os grãos se soltarem. Escorra-o bem e leve-o a esquentar no forno ou sobre o vapor.

- Ponha a panela destampada dentro de um recipiente contendo água fria. Deixe repousar de 10 a 15 minutos.

Dica: se o arroz pronto não estiver solto, destampe a panela e acrescente uma colher de sopa de água fria.

Arroz sequinho

Cinco minutos antes de terminar de cozinhar, adicione uma fatia de pão sobre o arroz e tampe a panela. O pão absorverá o excesso de água e os grãos incharão.

Arroz de má qualidade

Se o arroz for feio, escuro, lave-o com sal e limão antes de levá-lo ao fogo.

Arroz queimado

Enquanto o arroz ainda estiver bem quente e com vapor, siga um dos conselhos a seguir:

- Ponha a panela destampada dentro de um recipiente maior do que ela, contendo um pouco de água fria. Após alguns minutos o cheiro desaparecerá. Em seguida, transfira o arroz para outra panela, sem raspar o fundo que queimou.

- Destampe a panela e enfie um garfo no meio do arroz, até o fundo. Deixe-o assim durante alguns segundos. Com o vapor, sairão também o cheiro e o gosto de queimado.

- Destampe a panela e acrescente um pedaço de pão sobre o arroz, tampando-a em seguida. Espere alguns minutos. Depois, destampe a panela e retire o pedaço de pão, que terá absorvido todo o cheiro e o gosto de queimado. Transfira o arroz para outra panela, desprezando o fundo queimado.

Dica: a panela de arroz não transbordará durante a fervura se você acrescentar um pouco de manteiga à água.

Feijão

Para preparar um bom feijão, siga os conselhos a seguir:

- O feijão deverá ir ao fogo na mesma água em que repousou durante a noite.

- Uma colher de gordura ou óleo acrescentada durante o cozimento impedirá a formação de espuma e deixará o feijão macio.

- Para o feijão cozinhar mais depressa acrescente três grãos de milho ou um pouco de bicarbonato de sódio.

- Se o feijão estiver demorando para cozinhar, complete-o com água fria em vez de água fervendo.

Feijão azedo

Quando o feijão requentado espumar durante a fervura, indicando que está azedo, siga um dos conselhos a seguir:

- Acrescente um galho de salsa dentro da panela e deixe ferver.

- Ponha dentro da panela um objeto de metal dourado – ou uma colher de sopa comum – e deixe ferver.

- Introduza uma rolha de cortiça ou três pedacinhos de carvão dentro da panela.

Misture um pouco de bicarbonato de sódio à água, deixando-a ferver durante alguns minutos.

- Feche a panela com a tampa ao contrário. Derrame um pouco de vinagre na concavidade da tampa. Deixe o feijão ferver até que o vinagre seque. Sirva em seguida.

- Refogue o feijão, acrescente água, deixe ferver e ponha um garfo dentro da panela. Quando o feijão estiver grosso e no ponto, retire o garfo.

- Quando o feijão começar a ferver, retire toda a espuma e deixe ferver até que seque toda a água. Adicione outra água e deixe ferver novamente.

Feijão ralo

Acrescente uma colher de sopa de maisena e duas colheres de sopa de chocolate em pó meio-amargo a uma panela de feijão ralo. Se não tiver chocolate, use apenas a maisena. Atenção: dissolva previamente a maisena e o chocolate em água fria. Acrescente a mistura aos poucos, mexendo sempre, até alcançar o ponto desejado.

Feijão queimado

Siga qualquer um dos conselhos a seguir:

- Troque o feijão de panela sem raspar o fundo. Acrescente água fria e uma cebola inteira, com casca e sem barba. Leve tudo a ferver até que o caldo engrosse.

- Siga o mesmo procedimento acima, trocando a cebola por uma batata inteira, bem lavada, e com casca.

- Destampe a panela e a introduza em uma vasilha maior, contendo um pouco de água fria. Depois de alguns minutos, transfira o feijão para outra panela, desprezando o fundo queimado. Acrescente água e leve ao fogo para terminar de cozinhar.

- Acrescente à panela um pequeno chumaço de algodão. Ponha mais água e deixe ferver até engrossar. Na hora de servir, retire o algodão.

Feijão salgado

Siga um dos conselhos a seguir:

- Ponha algumas gotas de limão na panela.

- Adicione duas ou três batatas inteiras descascadas, ou em rodelas grossas.

- Introduza algumas folhas de couve na panela.

- Acrescente um pouco de açúcar ao caldo.

Feijoada light

A feijoada ficará mais leve se você acrescentar um copo de suco de laranja quando estiver pronta. Se a feijoada ficou muito gordurosa, acrescente à panela um limão-galego, cortado ao meio e com casca. Ferva até engrossar.

Tutu ou virado?

Há uma distinção: o tutu mineiro é feito com farinha de mandioca e o viradinho paulista é preparado com farinha de milho.

Macarrão e outras massas

Quando cozinhar massas, ponha uma espátula ou colher grande em cima da panela, para evitar que a água derrame ao ferver. Para que a massa fique solta e não grude no fundo, cozinhe-a em muita água e uma colher de sopa de óleo.

Dica: para melhorar o paladar da macarronada, junte gengibre ralado ao queijo parmesão.

Como amaciar carnes cruas

As enzimas mais usadas para amaciar carnes são a papaína de mamão e a bromelina de abacaxi. Para amaciar carnes, siga um dos seguintes procedimentos:

• Adicione ao tempero algumas gotas de leite de mamão.

- Misture aos bifes temperados alguns pedaços de mamão verde.

- Perfure-os com um garfo e cubra-os com folhas de mamão.

- Ponha fatias finas de abacaxi sobre os bifes.

- Tempere os bifes duros de véspera, acrescentando raspas de mamão verde ao tempero.

- Antes de levar a carne ao fogo, esfregue-a com suco de lima ou laranja azeda.

- Jogue um pouco de refrigerante tipo cola sobre a carne.

- Presunto ou toucinho ressecados ficam macios se forem imersos durante alguns minutos em água quente.

Como amolecer carnes cozidas

Siga um dos seguintes procedimentos:

- Acrescente à panela uma colher de chá de fermento em pó.

- Acrescente à panela o suco de uma laranja. Este procedimento é também indicado para amolecer a carne-de-sol ou a carne-seca ensopada.

Acrescente uma colher de sopa de uísque, conhaque ou cachaça e deixe cozinhar mais alguns minutos.

Bife comum

Deve ser frito em frigideira de ferro previamente aquecida. Antes de acrescentar os bifes, espere que a manteiga – ou a margarina – atinja uma cor marrom-dourada. Os bifes devem ser fritos um a um, para que não minem água e acabem rijos e cozidos em vez de macios e fritos.

Bife à milanesa

Ficará mais saboroso e com melhor aspecto se for passado primeiramente em farinha de rosca, depois nos ovos batidos e novamente na farinha de rosca. Em seguida, pressione-o levemente com as pontas dos dedos, para que a farinha fique bem aderida. Os bifes à milanesa não devem ser fritos imediatamente, pois as cascas se soltam. Aguarde pelo menos quinze minutos para somente então fritá-los em gordura bem quente e abundante.

Dica: se acabarem os ovos e ainda restarem alguns bifes para serem encapados, você poderá substituir os ovos por leite.

Bife à parmegiana

Quando sobrarem alguns bifes à milanesa já fritos, transforme-os em outro prato saborosíssimo, deitando-os em um recipiente refratário e dispondo fatias de mussarela, molho de tomate, queijo parmesão e orégano sobre cada um deles. Leve ao forno durante quinze minutos.

Bife de fígado

Para atenuar o gosto forte e tornar a carne mais digestiva, deixe os bifes de molho em leite frio durante quarenta minutos. Ao fim desse tempo, lave-os e tempere-os a gosto.

Frango congelado

Se tiver urgência para descongelar um frango, uma galinha, ou qualquer outra ave, a melhor alternativa é mergulhá-la completamente em água. Em poucos minutos estará pronta para ir à panela.

Gosma de frango

Para tirar a gosma, lave o frango, corte-o em pedaços e cubra-o com água fria e duas colheres de sopa de vinagre. Em seguida, lave-o em água corrente.

Frango assado

Ao assar um frango acrescente ao tempero uma pitada de bicarbonato de sódio ou de fermento. Quando for assar apenas o peito do frango, deite-o na assadeira com a parte da carne voltada para baixo e asse durante quarenta minutos. Em seguida, vire-o ao contrário para corar.

Frango frito

Quando fritar frango, adicione algumas gotas de corante amarelo. Isso dará à carne uma bela cor alourada, como se tivesse sido frita na manteiga. Ou então, acrescente um punhado de maisena na gordura bem quente. O frango não grudará no fundo e ficará dourado e seco.

Ovos

Para saber se um ovo está estragado, mergulhe-o em água salgada. Se permanecer no fundo, use-o sem susto. Se flutuar, jogue-o imediatamente na lixeira. Outra alternativa é encostar as duas extremidades do ovo no próprio rosto. Se o topo estiver mais frio do que a base, o ovo é fresco.

Omelete

Siga as dicas a seguir:

- A omelete ficará mais bonita se você juntar o sal depois que os ovos estiverem crescidos. Se o sal for colocado antes disso, a omelete não crescerá e poderá desandar.

- Se você acrescentar um pouco de leite ou água enquanto estiver batendo os ovos, a omelete ficará maior e mais leve. Você conseguirá o mesmo efeito se acrescentar uma pitada de fermento ou de maisena antes de bater as claras.

- Antes de levar a omelete ao fogo, esfregue um pouco de sal na frigideira ainda fria, retirando o excesso. Isto evitará que a omelete grude e desmanche.

- Se preferir fritar omeletes na manteiga, acrescente também um pouco de óleo para que a manteiga não queime.

Ovos cozidos

Se o ovo está rachado, deixe-o de molho em água fria com um pouco de sal, ou passe um pouco de suco de limão na rachadura e deixe secar. Depois, com muito cuidado, ponha-o numa panela com água já quente e uma pitada de sal. Para que os ovos não rachem durante o cozimento, acrescente uma colher de vinagre à água. Não tampe a panela nos primeiros minutos.

Outras dicas para fazer ovos cozidos:

- Para descascar ovos cozidos com facilidade, cozinhe-os em água e sal. Se esqueceu o sal, deixe-os dentro da água fria durante algum tempo, ou descasque-os sob a torneira.

- Para ter a certeza de que os ovos ficarão bem cozidos, marque dez minutos a partir do momento em que a água começar a ferver.

- Se desejar que a casca fique perfeita, faça um furo com uma agulha na base do ovo antes de levá-lo ao fogo.

- A casca do ovo sairá inteiramente se você abrir uma de suas extremidades e soprar fortemente no orifício.

- Quando quiser cortar ovos cozidos em rodelas e não tiver o aparelho adequado, mergulhe a faca em água fervente antes de usá-la.

- Lembre-se sempre de pôr um pedaço de limão na água do cozimento, para que a panela não escureça.

Ovos fritos

Para evitar que o ovo grude na frigideira, misture uma pitada de farinha de trigo à gordura.

Gemas perfeitas

Adicione sal à gordura antes de quebrar os ovos.

Claras branquinhas

Para que os ovos fritos fiquem com as claras bem branquinhas, sem aquele horrível queimado nas beiradas, molhe a mão em água fria e dê uma borrifada sobre eles logo após terem sido colocados na frigideira.

Ovos pochê

Não se esqueça de acrescentar um pouco de vinagre à água em que serão preparados. Isto manterá as claras inteiras e as gemas amarelas. Quebre-os primeiro em um pires, para somente então deitá-los cuidadosamente na água. Para evitar que os ovos se desmanchem, a água não deve estar borbulhando, e sim "tremendo".

Dica: a maneira mais simples e segura de fazer um ovo pochê é levar uma frigideira com água ao fogo e, assim que começar a ferver, acrescentar o vinagre e o ovo. Tampe a frigideira e apague o fogo. Aguarde de quatro a cinco minutos e retire-o com uma escumadeira.

Ovos quentes

Conte dois minutos para que fiquem quase crus; três minutos para que fiquem nem muito crus nem muito cozidos; quatro minutos para que fiquem mais densos. Durante o tempo de cozimento a água deverá estar em permanente ebulição.

Peixes em geral

Ao comprar e consumir pescados, observe o seguinte:

- O peixe fresco tem guelras de um vermelho vívido, olhos e escamas brilhantes. A carne não cede a um aperto mais forte dos dedos e o cheiro é suave.

- Se o peixe que acabou de ser fisgado não puder ser limpo na hora, esfregue-o com um pano molhado e em seguida envolva-o com papel metálico, colocando-o imediatamente na parte mais fria do congelador. O papel-alumínio evitará que o cheiro se propague pela geladeira.

- Atenção: o peixe adquirido em mercados ou peixarias tem que ser estripado antes de ser congelado.

- Se tiver que escamar um peixe fresco, deixe-o de molho em água fria com vinagre. As escamas sairão mais facilmente.

- Se quiser que o peixe congelado fique com sabor de peixe fresco, descongele-o imerso em leite.

- Antes de temperar os filés de peixe, deixe-os de molho no leite durante alguns minutos. Depois lave-os e tempere-os. Ficarão muito mais saborosos.

- Ao cozinhar postas de peixe, acrescente um pouco de vinagre na água da fervura para que fiquem branquinhas e não se quebrem. As postas devem ser cozidas em fogo lento e a água deve "tremer" e não borbulhar.

- Ao terminar de cozinhar um peixe, ferva dentro da panela algumas folhas de chá para tirar o cheiro de maresia.

Camarão

Antes de manusear os camarões, mergulhe-os em água fria com um pouco de vinagre ou limão durante cerca de meia hora. Assim, ficarão mais firmes.

Camarão com gosto de lagosta

Experimente cozinhar os camarões com casca, substituindo a água por cerveja.

Camarão borrachudo

Para evitar que os camarões fiquem borrachudos, coloque-os numa tigela e cubra-os com água fervente depois de limpos e lavados. Tampe e aguarde de 6 a 7 minutos, se os camarões forem graúdos; 4 minutos se forem médios e 2 minutos se forem pequenos. Quando cozinhar ou aferventar camarões, acrescente à água um talo de salsão, o que evitará que o cheiro se espalhe pela casa.

Dica: camarões guardados na geladeira ou no congelador devem ser afervenados antes de serem consumidos.

Frituras

Para uma fritura seca, crocante, profissional, siga as seguintes sugestões:

- Sempre que fizer frituras use bastante óleo ou gordura. Só assim ficarão secas e crocantes.

- Para evitar respingos de gordura, ponha um pedaço de pão ou um pouco de sal na frigideira.

- Antes de fazer uma fritura, seja com manteiga ou óleo, aqueça muito bem a panela – ou frigideira – para somente então acrescentar a gordura. Isso evitará que os alimentos grudem no fundo.

- Para que as frituras fiquem secas, acrescente uma colher de álcool à gordura. Mas cuidado: a gordura deverá estar fria e o álcool bem longe do fogo.

- As frituras feitas em casa não ficarão gordurosas se, durante o preparo, você acrescentar à massa uma colher de sopa de vinagre.

- Não encharque as suas frituras amontoando-as umas por cima das outras na peneira. Arrume-as de pé, lado a lado, sem sobrepô-las.

- Para fritar tiras de toucinho sem enrugar, sobreponha a parte gordurosa à parte magra da tira ao lado.

- Acrescente à frigideira uma rolha, um pedaço de pão ou um dente de alho inteiro, com casca. Isso evitará que a gordura escureça ou queime, conservando as frituras coradas, embora claras.

- Seus pastéis ficarão ainda mais bonitos se você acrescentar uma batata ou cenoura crua à gordura.

- Quando preparar bolinhos, croquetes ou pastéis, frite-os aos poucos, de três em três, para evitar que se abram ou fiquem encharcados.

- Tire o cheiro de fritura da frigideira adicionando um pouco de vinagre à água de enxaguar.

- Para saber quando o óleo atingiu a temperatura ideal para fritar batatas, acrescente um palito de fósforo à frigideira ainda fria. Leve ao fogo. Quando o palito se acender, é hora de acrescentar as batatas.

Reaproveitamento de gordura usada

Desde que não esteja queimada, toda gordura pode ser reaproveitada uma segunda vez. Basta coá-la ainda quente em pano fino ou chumaço de algodão, e guardá-la tampada dentro de um vidro.

Cozinhando batatas

Ao cozinhar batatas muito grandes, economize gás enterrando um prego novo e limpo em cada uma delas. Se quiser assá-las, fure-as com um garfo antes de levá-las ao forno. Desta forma, as batatas cozinharão por igual, sem rachar. Quando tiver que cozinhar batatas pequenas, acrescente um pouco de sal à água. Isso vai facilitar a sua tarefa ao descascá-las.

Batatas cozidas sem casca

No momento de cozinhar, ponha um pouco de óleo na água. As batatas ficarão perfeitas, não desmancharão e não grudarão no fundo da panela.

Batatas murchas

Batatas murchas com as cascas enrugadas ficarão como novas se você misturar um pouco de vinagre à água em que serão cozidas. As batatas murchas também recuperam o frescor se você cortar uma tira de suas cascas e colocá-las de molho durante algum tempo em água fria.

Batatas descascadas

Batatas cruas descascadas podem ser guardadas por até três dias se você as deixar de molho em uma tigela com água e uma colher de chá de vinagre. Tampe e preserve na geladeira.

Batata-doce

Deixe para acrescentar o sal somente quando a água ferver. Tampe a panela em seguida. A batata cozinhará mais rapidamente.

Batatas fritas

Para que as batatas não murchem depois de prontas, não acrescente sal logo após a fritura e espere até que amornem para cobri-las. Para conservá-las quentes até o momento de irem à mesa, arrume-as dentro de uma assadeira, forrada com papel de pão, e deixe-as no forno bem fraco, com a porta ligeiramente aberta. Antes de fritar batatas palha, deixe-as na geladeira, de molho em água gelada, durante mais de meia hora. Isso vai fazer com que fiquem bem sequinhas.

Purê de batatas

Quando cozinhar batatas para fazer purê, é preferível que use batatas descascadas, pois o purê só ficará leve e saboroso se as batatas forem espremidas imediatamente após terem saído do fogo. Bata muito bem e acrescente o leite aos poucos. Para requentar o purê, basta levá-lo ao fogo novamente, acrescentando mais um pouco de leite. Você também pode esquentar o purê numa panela em banho-maria, mexendo e batendo vigorosamente com uma colher de pau. Ao bater o purê de batata, experimente acrescentar uma pitada de fermento em pó.

Dica: o purê ficará fofo como um suflê se, quando estiver batendo, você acrescentar um pouco de leite em pó ou se, na hora de retirar o purê do fogo, você acrescentar suavemente uma clara batida em neve.

Qualidade das batatas

Se quiser saber se as batatas que vai usar são de boa qualidade – isto é, farinhentas ou não –, basta cortar uma delas em duas metades e esfregar uma parte contra a outra. Se aparecer espuma ou se uma parte aderir à outra facilmente, esteja certo de que são farinhentas.

O fermento acabou!...

Então, substitua-o por sal de frutas, na mesma quantidade. O sal de frutas não deve ser previamente dissolvido e sim misturado à massa.

Cebolas

Para descascá-las sem choradeira, siga uma das sugestões a seguir:

- Mantenha três palitos de fósforo entre os dentes, com as pontas de riscar para fora da boca. Permaneça assim até terminar de descascar as cebolas.

- Mergulhe as cebolas em água bem quente durante alguns minutos. O tempo ideal dependerá do tamanho da cebola. Este procedimento também facilitará o trabalho de descascá-las.

- Aperte um pedaço de miolo de pão entre os dentes.

- Mantenha a boca cheia de água enquanto descasca a cebola.

- Se não tiver tomado nenhuma das providências acima, molhe as mãos em água corrente.

Cebolas cruas

Todas as vezes que usar cebolas cruas em saladas e salpicões, convém deixá-las de molho em água gelada, com uma pitada de açúcar, durante meia hora.

Dica: a cebola se torna mais digestiva se for deixada de molho em água quente, com a casca, durante cinco minutos.

Cebolas cozidas

Quando tiver que cozinhar uma cebola inteira, faça um pequeno corte em forma de cruz na base. Desta forma, a cebola não se desmanchará durante o cozimento.

Cafezinho

Para que o seu cafezinho fique cheiroso como o do botequim da esquina, acrescente uma colher de sopa de chocolate em pó para cada quilo de café. Ou acrescente alguns grãos de sal à água.

Dica: não requente o café levando o bule diretamente ao fogo. Ponha-o em banho-maria. Contudo, se o café ferver, retire o bule do fogo e pingue dentro dele algumas gotas de água fria.

Cafeteira preguiçosa

Enrole um pano de prato úmido na parte de baixo do aparelho e o café descerá mais rapidamente.

Cappuccino

Siga a seguinte receita:

- 1 lata pequena de leite em pó instantâneo
- 2 colheres de sopa de chocolate em pó instantâneo
- 100g de café solúvel
- 100g de açúcar

Peneire tudo três vezes e guarde em vidro bem fechado. Na hora de servir, tire a quantidade de pó desejada e acrescente água bem quente.

CONSERVAÇÃO DE ALIMENTOS

Acondicionamento

Para a conservação ideal, é muito importante que os alimentos sejam perfeitamente acondicionados. A seguir, uma lista de diferentes tipos de recipientes e seu uso mais adequado:

- **Alumínio:** impermeável ao ar, umidade, odores, gorduras, líquidos e luz. Resiste, também, a temperaturas elevadas. É ótimo para guardar alimentos já preparados como carnes, sanduíches etc.

- **Plástico:** sacos, caixas, potes e garrafas de plástico, rijos ou flexíveis, quadrados, redondos ou retangulares, são os mais indicados para guardar alimentos crus ou cozidos na geladeira. Sacos plásticos servem para guardar frutas, verduras e legumes.

- **Vidro:** recipientes de vidro, porcelana ou material refratário são usados para guardar alimentos já prontos. Os potes, grandes e pequenos, são mais adequados para guardar conservas, doces e salgados.

Açúcar refinado

Para evitar que o açúcar empedre, ponha frutas secas – ou bolachas salgadas – no recipiente.

Açúcar mascavo

Siga uma das sugestões a seguir:

- Guarde em vidro grande, bem fechado, junto com algumas ameixas pretas.

- Guarde em recipiente hermeticamente fechado, com cascas de laranja ou de limão, que devem ser trocadas quando secarem.

- Guarde no congelador, dentro de um vidro bem fechado, no interior de um saco plástico igualmente bem vedado.

Pão integral

Os pães integrais devem ser guardados na geladeira, embrulhados em plástico ou em papel de alumínio. No congelador preservam-se ainda mais tempo.

Pão

Guarde o pão no congelador, embrulhado em saco plástico. Na hora de usar, tire o necessário e leve ao forno quente. Para conservar o pão fresco durante algum tempo, lave uma batata com casca, enxugue-a, deixe-a secar muito bem e guarde-a junto com o pão. Os pães de fôrma devem ser guardados envolvidos em guardanapos úmidos, dentro da geladeira.

Sanduíches

Embrulhe-os em papel de alumínio, tendo o cuidado de deixá-los bem fechados. Conserve em geladeira.

Mel

Para a sua perfeita conservação, guarde-o em lugar fresco e escuro, em vidros escuros.

Leite

Ferva e, em seguida, adicione um grama de ácido bórico para cada litro de leite. Este ácido não altera o sabor do leite e nem prejudica a saúde.

Manteiga

Se quiser guardar a manteiga no congelador, atente para o seguinte: estando bem fechada e embrulhada em papel de alumínio ou saco plástico, a manteiga sem sal poderá se conservar indefinidamente. A manteiga com sal só poderá ser congelada durante algum tempo, desde que mantida na embalagem original.

Queijos

Se você é um grande apreciador de queijos, sabe que cada um tem o seu jeito de conservar. A seguir, diferentes tipos de queijo e o método mais adequado para a sua preservação:

- **Minas:** Embrulhe-o em um pano embebido em vinagre, ou mantenha-o guardado na geladeira dentro de um prato de sopa contendo um pouco de água levemente salgada. Vire-o duas vezes por dia, para manter os dois lados úmidos. Para recuperar um queijo-de-minas que ficou duro, deixe-o de molho no leite de um dia para o outro.

- **Parmesão:** Não jogue fora o queijo parmesão só porque está duro. Se estiver muito difícil de ralar, embrulhe-o em um pano molhado durante 24 horas, mantendo o pano sempre úmido durante todo esse tempo.

- **Prato:** Se o queijo prato ficou seco e quebradiço, embrulhe-o em um pano embebido em vinho branco. Na falta do vinho branco, substitua-o por vinagre branco.

  - O queijo prato ficará macio durante muito tempo se for guardado na geladeira embrulhado em papel de alumínio.

  - Ao guardar o queijo prato, passe um pouco de manteiga na parte cortada.

  - Se preferir guardá-lo na gaveta da geladeira, ponha ali um tablete de açúcar para evitar que a umidade altere o gosto do queijo.

- Para evitar que o queijo agarre na faca, unte a lâmina com óleo ou azeite ou aqueça-a previamente em água fervente.

- **Ricota:** Deve ser conservada na geladeira. Se for do tipo cottage, guarde-a com a tampa, e de cabeça para baixo.

Fondue **de queijo**

Tenha o cuidado de não ingerir líquidos até uma hora após a ingestão do *fondue*, porque o queijo se solidificaria, causando distúrbios digestivos bastante incômodos. Contudo, pode-se – e deve-se – tomar vinho, o que facilitará a digestão.

Biscoitos e bolachas

Guarde os seus biscoitos na geladeira dentro das próprias embalagens. Os biscoitos e as bolachas também se conservarão frescos se você puser um pedaço de pão fresco ou uma maçã inteira dentro do recipiente onde os armazena. Mantenha esse recipiente bem fechado. Se quiser guardar os biscoitos durante um tempo mais longo, guarde-os dentro de um recipiente de vidro ou de louça hermeticamente fechado, selando a tampa com parafina.

Ovos

Há várias maneiras de conservá-los. Escolha uma delas:

- Ponha os ovos numa vasilha contendo água e salicilato de sódio a 6%. Os ovos só deverão ser retirados dali no momento em que forem usados.

- Pincele as cascas com óleo de semente de algodão.

- Armazene-os em caixotes contendo serragem de madeira, virando-os de vez em quando.

- Guarde os ovos numa lata bem fechada, contendo feijão ou arroz cru.

- Mergulhe-os e retire-os rapidamente da água fervendo.

- Recubra os ovos com cera derretida e deixe secar.

- Se não souber o que fazer com as claras que sobraram de alguma receita, guarde-as dentro do congelador, em um recipiente de plástico bem fechado. Conservam-se perfeitas durante um ano.

Grãos crus

Para preservá-los dos insetos, espalhe um pouco de sal dentro do recipiente onde os armazena.

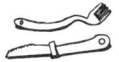

Aves

Aves cruas e, principalmente, cozidas se conservam frescas durante muitos dias fora da geladeira se forem inteiramente recobertas com manteiga ou banha derretida.

Carnes cozidas

Assim como as aves, as carnes cozidas também se conservarão de seis meses a um ano se forem inteiramente recobertas com manteiga ou banha derretida.

Carnes cruas

Na falta de geladeira, há várias maneiras de se conservar carnes cruas:

- Ponha a carne dentro de uma vasilha de barro esmaltada e cubra com leite. Após 24 horas, o leite azedará e talhará, mas isto em nada prejudicará a carne.

- Ponha a carne dentro de uma vasilha de barro esmaltada e derrame sobre ela água bem fervida. Feito isso, aplique óleo ou azeite, formando uma película protetora à superfície.

- Para conservar carne crua durante períodos mais curtos – de quatro a cinco dias – afervente-a ou passe-a em gordura bem quente, mas sem cozinhá-la.

- Se for necessário guardar a carne durante um longo período, é preferível recorrer à salmoura, defumação ou, ainda, ao ressecamento ao sol e ao ar.

- Para preservar a carne durante uns poucos dias, basta embrulhá-la num pano embebido em vinagre.

Salsicha

Se quiser manter as salsichas frescas durante cinco ou seis dias, deixe-as mergulhadas dentro de uma tigela contendo água à qual foi misturada uma colher de sopa de vinagre e um pouco de sal. Guarde na geladeira. Na hora de usar, lave-as em água corrente.

Salame

Passe clara de ovo em volta do salame para que não resseque e permaneça macio durante muito tempo. Se já estiver cortado, passe também um pouco de manteiga ou óleo na extremidade exposta. O salame se conserva durante muito tempo se for embrulhado em papel de alumínio preso com elástico.

Cebola

Para evitar que a metade de cebola que sobrou resseque, passe um pouco de manteiga na parte onde foi cortada.

Abacate

Quando precisar guardar uma metade de abacate, siga um dos seguintes procedimentos:

- Passe um pouco de limão, vinagre ou farinha de trigo nas partes descobertas da polpa.

- Guarde-o na geladeira com o próprio caroço, envolto em plástico ou papel-alumínio.

Se o abacate ainda estiver meio verde e você quiser que amadureça rapidamente, guarde-o fora da geladeira, coberto de farinha de trigo ou dentro de um saco de papel bem fechado onde se introduziu também uma maçã madura.

Creme de abacate

Guarde-o na geladeira junto com o próprio caroço. O creme de abacate também não vai escurecer nem amargar se você puser dentro dele uma colher de aço inoxidável, que só deve ser retirada na hora de servir.

Banana

As bananas verdes amadurecem mais depressa se forem deixadas junto a bananas maduras.

Pedaços de coco

Preserve-os na geladeira, dentro de uma vasilha, inteiramente imersos em água. Desta maneira os pedaços se conservam frescos por até três dias. Troque a água todo dia.

Limões inteiros

Guarde-os numa vasilha contendo sal. Outra alternativa é guardá-los dentro de um vidro hermeticamente fechado. Limões verdes também se conservam durante muito tempo se forem postos em vasilhas e cobertos com água, que deverá ser trocada diariamente.

Dica: se quiser conservar os limões verdes durante alguns meses, guarde-os em caixotes entre camadas de areia, de modo que fiquem isolados uns dos outros e completamente recobertos.

Limões cortados

O limão cortado se conservará com o mesmo paladar se usarmos um dos seguintes truques:

- Ponha o limão num prato com a parte cortada voltada para baixo e cubra-o com uma xícara. Guarde na geladeira.

- Ponha o limão em um recipiente contendo um pouco de água ou vinagre, com a parte cortada voltada para o líquido. Guarde na geladeira.

Morangos

Guarde-os na geladeira, na própria embalagem, cobertos com papel pardo ou impermeável.

Alcachofra crua

Enrole-a em um pano bem úmido, no interior de um saco plástico fechado, dentro da geladeira. Dura até cinco dias.

Alface

Para conservar um pé de alface durante alguns dias, siga qualquer um dos procedimentos a seguir:

- Borrife a alface com água e embrulhe-a em um pano ou jornal molhado com água, tendo o cuidado de manter essa umidade até o momento de usá-la.

- As folhas também se conservam como novas se forem guardadas na geladeira junto a um limão partido.

- Lave e seque as folhas da alface e guarde-as dentro da geladeira no interior de uma caixa ou vasilha plástica tampada.

Maionese caseira

Guarde-a na geladeira, dentro de um vidro limpo e bem seco, com tampa de rosca. Porém, quando o vidro for aberto, a maionese deverá ser inteiramente consumida e não poderá mais voltar à geladeira.

Dica: se tiver que preparar um molho de maionese com antecedência, acrescente uma colher de sopa de água fervente e misture muito bem. Assim, o molho se conserva por mais tempo.

Feijão cru

Evite o ataque de insetos introduzindo um pedaço de pão dentro da lata. Se você tiver uma grande quantidade de feijão cru, preserve-a dentro de um saco plástico bem fechado e guarde-a na gaveta de legumes da geladeira.

Milho de pipoca

O milho permanecerá fresco e não produzirá muitos piruás se for guardado no congelador. Deixe-o de molho em água gelada antes de estourá-lo.

Pimentão

Conserva-se melhor na geladeira se for embrulhado em papel de jornal.

Tomate

Se tiver que guardar tomates maduros fora da geladeira, passe um pouco de farinha de trigo na parte de onde foram arrancados os talos. Assim, permanecerão frescos e durarão mais tempo. Os tomates duram até um mês se forem armazenados bem secos, cobertos com farinha de trigo, dentro de um saco plástico. Feche bem o saco e ponha-o na geladeira em lugar seco.

Tomates em conserva

Os tomates podem durar indefinidamente se forem preservados dentro de um vidro de boca larga com sal, vinagre e água suficiente para cobri-los – 100g de sal e 100ml de vinagre para cada litro de água. Para impedir a entrada de ar no recipiente, acrescente azeite até formar uma camada de um centímetro à superfície da água.

Rabanetes e nabos

Conservam-se frescos se as folhas – e não as raízes – forem imersas em água.

Salsa e cebolinha

Molhe-as e embrulhe-as em jornal úmido. Mantenha essa umidade até a hora de usá-las. Contudo, se estiverem bem frescas, basta deixá-las de pé dentro de um copo com água, sem esquecer de trocar a água todos os dias.

Refrigerantes

Introduza o cabo de uma colherzinha de aço inoxidável no gargalo e guarde a garrafa na geladeira. Outro procedimento para conservar a bebida gasosa depois de aberta é tampar a garrafa com uma rolha bem justa e guardá-la na geladeira de cabeça para baixo.

Bombons

Os bombons, chocolates em barra e ovos de Páscoa se conservam perfeitos e duros quando guardados na geladeira, dentro de seus próprios invólucros. Contudo, se os bombons não tiverem invólucros individuais, o melhor será polvilhá-los com açúcar, deixando-os na geladeira em sua própria caixa.

Bolos

Siga uma das sugestões a seguir:

- Deixe o bolo dentro da mesma fôrma em que foi assado.

- Ponha uma fatia de pão fresco espetada com um palito no lugar onde o bolo foi cortado.

- Se você costuma consumir bolos pré-fabricados, guarde-os junto com uma maçã dentro do mesmo pacote. Este processo serve também para bolos feitos em casa, que, entretanto, terão que ficar bem cobertos.

- Se o bolo for de assadeira, retire apenas os pedaços que serão comidos. Os que continuarem dentro dela ficarão conservados.

Café

Para conservar melhor o aroma e o sabor do café, junte um pouco de açúcar ao pó fresco antes de guardá-lo. Os grãos ou o pó de café se conservam frescos durante muito mais tempo se forem guardados protegidos da umidade, em recipientes bem fechados, na geladeira ou no congelador.

CONGELADOS

Cuidados

Uma vez descongelados, os alimentos não deverão ser congelados novamente. Nesse caso, se forem pratos prontos, devem ser consumidos em seguida. Se forem alimentos crus, deverão ser cozidos. Depois de descongelada, é importante evitar que a comida pronta cozinhe demais. Não se esqueça de etiquetar todos os alimentos que serão congelados.

Alimentos que não congelam

Não se devem congelar os seguintes alimentos:

• Abacaxi

• Arroz

• Batata cozida

• Carnes salgadas ou defumadas

• Carnes em vinha-d'alho

• Conservas

• Cremes, manjares, pudins e recheios de tortas

• Doces caramelados

• Frutas ao natural

• Gelatina

• Maionese

• Ovos

• Verduras e legumes

• Creme de leite

• Queijos

PANELAS

Panelas de ferro e alumínio

Para ter panelas sempre limpas e prontas para uso, siga os conselhos a seguir:

• Quando um cabo de panela se partir, pincele acetona nas partes a serem emendadas. Espere secar e somente então passe a cola.

• Logo que desocupar uma panela, encha-a imediatamente com água quente, para facilitar o trabalho de limpeza.

• Panelas sujas de leite ou de ovo devem ser sempre lavadas com água fria.

• As panelas em que se cozinhou feijão ficarão bem limpas se, após terem sido lavadas com água e sabão, forem preenchidas com água fervendo e um pouco de vinagre e deixadas de molho durante alguns minutos.

• Nunca limpe as suas panelas com soda ou potassa, pois o alumínio ficará manchado de verde.

• Uma boa maneira para deixar as suas vasilhas e panelas de alumínio brilhando é esfregá-las com uma rolha de cortiça e detergente em pó.

- Ao usar uma panela para banho-maria ou para cozinhar ovos, ponha na água de fervura um pedaço de limão. Contudo, se esqueceu de pôr o limão e a panela escureceu por dentro, leve-a novamente ao fogo com água, um pouco de vinagre ou algumas cascas de maçã.

- Se a comida grudou no fundo, encha a panela de água com bastante sal. Leve ao fogo e deixe ferver bem.

- Se o fundo da chaleira criou um depósito de tártaro, ferva dentro dela uma casca de ostra em um pouco de água durante alguns minutos.

- As manchas escuras que se formam no fundo de bules e chaleiras de alumínio são facilmente elimináveis. Basta ferver um pouco de vinagre com cascas de batatas cruas no interior da panela.

- Lave as panelas de alumínio com esponja de aço e sabão de coco.

- Esfregue-as por dentro e por fora com uma mistura de fubá e vinagre, formando uma pasta. Depois, enxágüe com água fria.

- Junte álcool e óleo em partes iguais e use a mistura para dar brilho às panelas de alumínio.

- Depois de polir uma panela de alumínio, não a enxágüe e, se possível, deixe-a secar ao sol.

Panela com comida queimada

Siga um dos seguintes procedimentos:

- Encha a panela com água, junte uma cebola descascada e deixe ferver até as partículas queimadas subirem à tona.

- Encha a panela com um pouco de água, junte bastante sal e ferva durante muito tempo, em fogo brando. Deixe de molho até o dia seguinte.

- Você poderá também substituir o sal por bicarbonato de sódio, tendo o cuidado de manter a fervura durante muitas horas.

- Encha a panela com meio litro de água e duas colheres de sopa de vinagre. Ferva bastante tempo, em fogo lento. Deixe de molho até o dia seguinte.

- Preencha a panela com água até cobrir a parte queimada, misture de uma a duas colheres de chá de molho de tomate, e leve a panela para ferver em fogo brando. O queimado se soltará.

Panelas de barro

As panelas de barro não devem ser usadas logo após terem sido adquiridas. É necessário tirar o cheiro e o gosto peculiar que trazem da olaria. Para isso, adote um dos seguintes procedimentos:

- Ferva um pouco de leite dentro das panelas.

- Besunte-as generosamente com óleo ou azeite de oliva, deixando-as assim durante alguns dias.

- Esfregue-as com alho antes de serem usadas.

Panela de pressão

Se a borracha estiver folgada, aproveite-a durante mais algum tempo, cortando com uma lâmina o pedaço que sobra. Depois, emende as duas pontas, costurando-as com agulha e linha.

Panelas e frigideiras manchadas

Para evitar que escureçam ao cozinhar batatas ou macarrão, unte-as com óleo antes de levá-las ao fogo. Porém, se a panela já estiver manchada, deixe-a de molho numa solução de cinco colheres de sopa de bicarbonato de sódio para um litro de água morna.

Fogo na frigideira

Quando uma frigideira com gordura quente for tomada pelo fogo, apague imediatamente o fogão e abafe o fogo com uma tampa maior do que a frigideira. Não jogue água! O resultado seria desastroso.

Limpeza de frigideiras

Acrescente água com um pouco de vinagre dentro da frigideira e deixe ferver durante alguns minutos. Escorra o líquido e esfregue a frigideira ainda quente com sal e papel absorvente.

Frigideira enferrujada

Leve-a ao fogo lento com água e cascas de batata e deixe ferver durante alguns minutos.

Frigideiras e panelas de vidro

Para remover manchas escuras de panelas de vidro, deixe-as de molho em uma solução de cinco colheres de sopa de bicarbonato de sódio para um litro de água morna.

Frigideiras e panelas antiaderentes

- Antes de usá-las pela primeira vez, lave-as com esponja macia, água e sabão, secando em seguida. Depois, unte o lado revestido com óleo ou gordura, e leve ao fogo durante dois minutos. Seque com pano ou papel absorvente.

- Use apenas objetos de madeira ou plástico para mexer a comida.

- Panelas com revestimento antiaderente não podem ser areadas com esponja de aço. Quando muito sujas, devem ser limpas com jornal velho e borra de café. Em seguida, lave normalmente com água, detergente e esponja macia.

- Quando em uso contínuo, basta limpá-las com papel absorvente.

FAXINA

Certamente você jamais deve ter se dado conta disso, mas a verdade é que, de tempos em tempos, a casa tem que ser limpa. A limpeza de uma casa se chama "faxina", palavra esquisita de origem latina que remete a atividades de caserna mas que pode ser interpretada atualmente como "trabalho árduo, inglório, embora absolutamente necessário".

Nas páginas a seguir, algumas dicas práticas de como enfrentar a faxina com alguma chance de vitória, bem como uma série de truques para a sua casa ficar sempre limpa, brilhante e perfumada.

LIMPEZA GERAL

Desinfecção de vaso sanitário

Despeje um pouco de lixívia dissolvida em água quente. Dê a descarga. Por fim, acrescente um pouco de desinfetante. Para deixar o vaso sanitário claro e brilhante, lustre-o de vez em quando com um pano embebido em gasolina ou qualquer outro derivado de petróleo.

Vaso sanitário encardido

Se o vaso sanitário é muito antigo e encardido, experimente esfregá-lo com cal virgem.

Banheiras e pias amareladas

Esfregue limão e deixe repousar durante meia hora. Em seguida, esfregue com pasta ou sabão, e palha de aço. Enxágüe bem.

Dica: pias e banheiras também ficam limpas e brilhantes se você as esfregar com uma mistura de vinagre e parafina.

Pias pretas

Esfregue com pedra-pomes em pó, enxágüe e deixe secar muito bem. Depois, derreta em banho-maria 100g de cera virgem e 10g de graxa preta para sapatos. Quando derreter, misture bem, tire do fogo e junte 100g de essência de terebintina. Esfregue a pia com este preparado e deixe secar durante várias horas. Depois, lustre com uma flanela. O mesmo procedimento se aplica para os mármores pretos.

Mármore

Para clarear pias, banheiras ou tampos de mármore manchados, polvilhe-os com sal fino, molhe com água oxigenada de 20 volumes ou algumas gotas de terebintina e deixe repousar durante algum tempo. Esfregue com uma escova e enxágüe.

Azulejos

Siga um dos conselhos a seguir:

• Use um pano umedecido em álcool.

• Depois de lavados com água e sabão, umedeça um pano em querosene e esfregue. Além de dar brilho, afasta insetos.

• Faça uma solução de dois litros de água para uma colher de chá de amoníaco, umedeça um pano limpo nesta mistura e esfregue-o nos azulejos.

• Lave os azulejos com água misturada com um pouco de amido. Além de dar brilho, o amido melhorará o aspecto das juntas.

Pias de aço inoxidável

Para que não fiquem riscadas e opacas, siga uma das sugestões a seguir:

• Limpe-as com um algodão embebido em vinagre branco. Em seguida seque e passe uma flanela.

- Esfregue fluido de isqueiro sobre as manchas até que saiam por completo. Depois de seco, aplique uma flanela umedecida com um pouco de produto para lustrar pratas.

- Para manter as suas pias de aço inoxidável sempre limpas e isentas de manchas, esfregue-as freqüentemente com álcool.

- Depois de lavada e limpa, lustre a pia com algum produto para polir vidros.

Cortinas de boxe

Permanecerão macias e flexíveis depois de lavadas se você aplicar um pouco de óleo mineral na última água de enxaguar.

Esponjas de banho

Lavar com água fervendo e caldo de limão – um limão para cada meio litro de água. As esponjas de borracha devem ficar de molho por algumas horas em um litro de água com três colheres de sopa de bicarbonato de sódio.

Ralos

Mantenha as suas pias sempre desentupidas derramando de vez em quando uma garrafa de refrigerante tipo cola nos ralos.

Espelhos embaçados

Para evitar que os vapores da água quente do chuveiro deixem o espelho embaçado, esfregue-o cuidadosamente com um sabão de lavar roupa bem seco. Em seguida limpe com um pano macio até retirar todo o vestígio de sabão. Quando necessário, repita a operação.

Pano de chão

Se conservarão macios se antes de serem usados forem molhados levemente em água fervente.

Aspirador de pó

Depois de usado, esvazie o saco dentro de um jornal úmido. De vez em quando, faça a limpeza das partes internas do aparelho, invertendo o tubo e deixando que o ar saia por ele, de dentro para fora. Finalmente, limpe o tubo com uma esponja úmida.

Limpeza da enceradeira

Retire as escovas e lave-as com gasolina. Em seguida, reinstale-as, deite a enceradeira no chão e ligue-a durante cerca de um minuto, para que saia todo o pó entranhado nas escovas. Passe algodão embebido em álcool nas partes cromadas. Os parafusos externos devem ser lubrificados com óleo de máquina de costura.

Forno

Ponha dentro do forno frio um prato contendo meia xícara de chá de amônia. Feche imediatamente a porta do forno. Depois de alguns minutos, retire o prato e proceda à limpeza normal.

Fogão

Deixe o fogão esfriar antes de começar a limpeza. Além de ser mais seguro, esta precaução evitará que o esmalte não se desgaste. Para limpar as partes que ficam diretamente em contato com o fogo, faça uma mistura de água com vinagre. Molhe um pano nesta solução e esfregue.

Bicos de gás

Pingue algumas gotas de limão enquanto ainda quentes, esfregando-os com esponja de aço e sabão de coco. Deixe os queimadores de molho em uma solução de água, vinagre e sal. Depois, esfregue-os com esponja de aço e lave-os normalmente.

Microondas

Jamais use esponja de aço ou outro abrasivo. Siga uma das sugestões seguintes:

• Passe um pano ou algodão umedecido em álcool.

• Umedeça um pano sintético para limpeza, polvilhe-o com bicarbonato de sódio e passe em todo o forno.

• Deixe um copo com água na bandeja rotativa e ligue o forno durante três minutos. Então, passe papel ou pano nas paredes internas e seque logo em seguida.

Exaustor

Retire o filtro do aparelho e deixe-o de molho durante algumas horas em água bem quente com detergente. Enxágüe a seguir.

Livros

Pelo menos duas vezes por ano, passe uma escova de roupa no topo dos livros guardados nas estantes para retirar a poeira ali acumulada.

Sinteco

Passe um pano molhado em água morna à qual se adicionou um pouco de óleo. Depois, lustre com flanela. Para melhor conservar o sinteco, aplique um produto lustra-móveis de vez em quando. Deixe secar e passe a enceradeira.

Dica: nada mais simples e econômico para manter o seu sinteco limpo do que limpá-lo com um pano molhado umedecido em chá preto frio.

Persianas

Para uma limpeza simples, esfregue as pás com um pano molhado em álcool. Aplique graxa branca e líquida nos fios. Os cordões ficarão mais resistentes se forem untados com parafina.

Espelhos

Eis uma fórmula para um bom limpador de espelhos e vidraças:

- **uma medida de água**
- **uma medida de álcool**
- uma medida de querosene

Misture e armazene num vidro bem fechado. Agite bem antes de usar.

Dica: antes da limpeza propriamente dita, passe sobre o espelho um pano úmido com anil pulverizado.

Outra dica: livre os seus espelhos de moscas e mosquitos acrescentando um pouco de querosene à água de limpeza.

Esquadrias de alumínio

Limpe-as uma vez por mês, com uma mistura em partes iguais de álcool e óleo de máquina ou de cozinha. A seguir, passe um pano macio e uma flanela. Ocasionalmente, pode-se usar algum produto para lustrar pratas.

Vidros

Siga os conselhos a seguir:

- Não use trapos de pano para limpar vidros e vidraças. Soltam muitos fiapos que aderem à superfície, dificultando o trabalho.

- Antes de limpar vidros engordurados ou que estejam muito sujos, passe primeiro um papel absorvente, para tirar o grosso da sujeira. Em seguida, passe uma esponja de aço nova e seca. Depois, lave os vidros com uma solução de vinagre com água. Pode-se usar, também, água com algumas gotas de amoníaco. Enxugue com um pano de linho.

- Os vidros que, por alguma inconveniência, não puderem ser lavados devem ser esfregados com jornal bem amassado e umedecido com qualquer uma das duas soluções sugeridas acima.

- Depois da lavagem, lustre-os com um pano, por dentro e por fora, sempre no mesmo sentido.

Paredes

Lave-as com água, sabão e um pouco de farinha de trigo. Na lavagem de paredes pintadas a óleo, comece de baixo para cima, pois, se fizer o contrário, as gotas de água suja que escorrem poderão manchar a parede. A parede branca pintada com tinta lavável vai ficar clara e limpa se for lavada com água e sabonete de toalete. Mas você não precisa lavar uma parede apenas porque tem alguma pequena mancha, que pode ser retirada com uma borracha plástica limpa ou, ainda, com miolo de pão branco.

Cortina

- Antes de lavar uma cortina pela primeira vez, deixe-a de molho em água e sal durante algumas horas.

- As cortinas brancas e leves são lavadas em água morna, sabão em pó e um pouco de amônia. Ficam aí de molho e, à medida que a água vai se sujando, repete-se a operação, até que a água saia limpa. Na água de enxaguar, ponha uma goma leve, feita com uma colher de sobremesa de polvilho para um litro de água.

- Cortinas grossas, redes e outros tecidos de uso diário podem ser lavados dentro de meia banheira de água, com uma xícara de amônia, uma xícara de terebintina e um punhado de sabão em pó. Agite bem essa água e deixe as cortinas de molho por cerca de três horas. Se for necessário, repita a operação. Enxágüe muito bem.

- Cortinas de tergal ou de fibra de vidro ficarão como novas se, ao lavá-las, você adicionar leite em pó à última água em que forem enxaguadas.

Cortinas de plástico

Devem ser lavadas com água quente.

Portas

Observe as sugestões a seguir:

- Se uma porta estiver roçando no chão, ponha uma lixa de madeira no ponto de atrito e abra e feche a porta seguidamente, até livrá-la do excesso.

- Para acabar com o ranger das portas, use uma mistura de raspa de grafite e algumas gotas de óleo de cozinha nas dobradiças.

- Antes de polir os metais de uma porta, coloque pedaços de papelão ao redor dos ferrolhos e dobradiças.

- Se as suas portas e umbrais estiverem um pouco sujos, convém esfregá-los com miolo de pão. Mas se estiverem muito sujos, limpe-os com uma mistura de água quente, um pouco de bórax e bastante sabão em pó.

- Quando houver marcas de dedos nas portas, remova-as com uma mistura de uma parte de terebintina e duas de óleo.

Esquadrias

Tanto as das portas como as de janelas podem ser lavadas com água quente e amônia.

Lavagem de tapetes

Além da limpeza diária, é necessário lavar os tapetes de vez em quando. Para uma lavagem simples, deve-se esfregar um pano umedecido em vinagre por toda a superfície do tapete. Repita a operação até que o pano saia limpo. Depois, deixe o tapete secar, de preferência estendido no chão, para não deformar.

Manchas de gordura no tapete

Aplique benzina e talco sobre a mancha. Depois, use o aspirador. Na falta de benzina, use água quente com sabão e detergente e aplique em seguida um ferro de passar bem quente, tendo um mata-borrão entre o ferro e o tapete. Uma mistura de amônia e água também pode ser eficaz.

Lama no tapete

Deixe secar bem. Depois, varra em todos os sentidos. Se a sujeira persistir, passe um pano molhado em água avinagrada. Outro método é escovar com uma escova bem áspera, para tirar o grosso da sujeira. Depois, esfregue amido, farinha de trigo ou sal, igualmente secos. Espere algum tempo e passe o aspirador.

Limpeza rápida de carpetes

Prepare uma mistura de duas xícaras de chá de farinha de milho ou de mesa e outra de bórax. Salpique bem por todo o tapete, deixando ficar assim durante uma hora. Depois, é só passar o aspirador.

Vassoura de piaçava

Se perceber que esta vassoura está varrendo mal é sinal de que ela endureceu. Neste caso, apare a piaçava, abra a costura e use-a durante mais algum tempo.

Vassouras de pêlo

As vassouras que estiverem com os tufos de pêlo muito abertos ficarão como novas se forem postas sobre o vapor durante alguns minutos.

Dica: para limpar vassouras de pêlo, deite-as no chão, prenda o cabo com o pé e, em seguida, passe uma vassoura de piaçava sobre os pêlos com bastante força. Depois, mergulhe-as em água quente e amoníaco. Deixe que fiquem de molho, enxágüe-as em água fria e deixe-as secar penduradas.

Produtos de limpeza caseiros

Experimente as receitas abaixo:

- **Desinfetante caseiro:** misture meio litro de desinfetante sem perfume a um litro e meio de água e 15ml de essência de eucalipto. Guarde em vidros ou garrafas plásticas bem fechadas.

- **Detergente:** Para limpar pias, azulejos, fogão, chão branco etc.:

  - 2 litros de água fervente
  - 1/2 tablete de sabão de coco ralado
  - 1/2 xícara de chá de amoníaco
  - 1/2 xícara de café de suco de limão

Modo de fazer: misture o sabão ralado com um litro de água e leve ao fogo brando, mexendo sempre até dissolver bem. Tire do fogo e deixe descansar. No dia seguinte, junte o outro litro de água, misture bem, junte o suco de limão e, por último, o amoníaco. Tampe bem e guarde em garrafa de plástico ou de vidro.

- **Pasta de limpeza para cozinha e banheiro:**
  - 1 tablete de sabão de coco
  - 1 tablete de sabão
  - 1 colher de sopa de vinagre
  - 2 colheres de sopa de açúcar
  - 1 colher de sopa de detergente
  - 1 litro de água

  Modo de fazer: misture o sabão ralado à água e deixe de molho até o dia seguinte. Leve ao fogo brando, mexendo sempre até ferver. Espere esfriar.

- **Pasta de limpeza para vasilhas e panelas:**
  - 2 tabletes de sabão
  - 2 colheres de sopa de açúcar
  - 4 colheres de sopa de óleo de cozinha
  - 1 copo de água

Modo de fazer: triture o sabão no liquidificador. Junte os demais ingredientes e leve tudo ao fogo brando, misturando até obter o ponto de pasta. Deixe esfriar um pouco e coloque em latas ou vasilhas de plástico.

- ***Receita de sabão da roça:***
  - 1 lata de querosene vazia
  - 5 a 7 litros de água
  - 3 quilos de sebo
  - 1/2 quilo de soda
  - 1/2 quilo de breu

Modo de fazer: leve a lata com a água e o sebo ao fogo brando por mais ou menos duas horas, tendo o cuidado de não deixar transbordar. Ao engrossar, dissolva a soda em água fria e derrame lentamente na lata, misturando muito bem. Moa o breu com martelo e jogue, de uma só vez, dentro da mistura, continuando a mexer. Deixe no fogo por outras duas horas. Estando tudo pronto, derrame em caixote de madeira, forrado com pano ou papel. O caixote não deverá ser muito grande, para que os pedaços de sabão fiquem altos. Depois de frio, corte em barras.

Dica: para que o sabão renda mais, espere passar a lua minguante.

ODORES DOMÉSTICOS

Lata de lixo

Evite que a lata exale mau cheiro, colocando dentro dela um pouco de desinfetante ou bolinhas de naftalina.

Encanamentos

Algumas gotas de essência de terebintina nos canos do tanque e da pia da cozinha eliminam completamente o mau cheiro.

Malas

Malas e maletas exalam odor desagradável quando fechadas durante muito tempo. Para eliminar esse mau cheiro, ponha dentro delas uma lata com a tampa perfurada, contendo pedaços de algodão umedecidos com a colônia de sua preferência. Guarde as malas em lugar seco, para evitar que a umidade mofe o couro e o revestimento.

Sapatos

Tire o mau cheiro dos sapatos usando talco boratado, polvilho anti-séptico ou um pouco de bicarbonato de sódio.

Água sanitária

Uma roupa que ficou de molho em água sanitária sempre exalará odor desagradável depois de lavada. Mas esse cheiro pode ser facilmente eliminado se você acrescentar um pouco de álcool na última água de enxaguar.

Fibras sintéticas

Fibras sintéticas retêm o odor da transpiração mesmo depois de lavadas. Para evitar que isto aconteça, basta deixá-las de molho em água com uma colher de sopa de bicarbonato de sódio.

Geladeira

Uma xícara de pó de café fresco colocada dentro da geladeira elimina qualquer odor. Quando passar alguns dias fora, deixe a geladeira desligada, enxuta e com a porta aberta. Caso contrário, ao voltar, ela poderá estar mofada. Se isto acontecer, lave-a muito bem, deixando-a arejar durante algumas horas. Se o cheiro de mofo persistir, ponha dentro dela um pires com um pouco de terebintina.

Cheiro de fumo

Siga uma das sugestões a seguir:

- Ponha num canto da sala uma bacia contendo uma solução de essência de pinho com água bem quente.

- Embeba uma esponja em vinagre branco, ponha dentro de um prato e deixe num canto da sala.

- Em ambientes menores, ponha uma maçã furada com garfo num canto da sala.

- Lave os cinzeiros com suco de limão.

Garrafas térmicas

Deixe-as de molho numa solução de água quente e sal durante dez minutos. Em seguida, lave-as com uma escovinha.

Ar-condicionado

Para eliminar o odor de mofo, derrame um pouco de alvejante de roupas na bandeja de condensação.

Odor de urina

Lave o local com uma solução de água e amônia. Enxágüe e seque.

Cheiro de tinta

Deixe no aposento uma bacia cheia de água com algumas rodelas de cebola ou folhas de laranjeira. Ou queime no quarto cascas de frutas cítricas.

Dica: ponha bagaços de limão na água de enxaguar pratos. O limão também é ótimo para tirar cheiro de panelas onde se cozinhou peixe.

MANCHAS

Ferrugem de goteira

Para tirar manchas de ferrugem formadas pelo pingar constante da torneira sobre a pia, use um pincel ou um chumaço de algodão molhado em água oxigenada, e aplique-o suavemente sobre o local afetado até que as manchas desapareçam. Não adianta ter pressa e nem esfregar com força.

Armários de fórmica

Limpe-os com álcool e depois enxugue-os com um pano seco.

Azulejos amarelados

Esfregue-os com suco de limão e um pouco de gasolina.

Manchas de verniz, cimento e gesso

Esfregue as manchas com um pano embebido em essência de terebintina. Enxágüe bem.

Louça

Objetos de louça recuperam a cor original quando esfregados a seco com sal fino.

Talheres de aço inoxidável

Aplique um pouco de produto de limpar pratas sobre os pontos manchados, umedeça um pedaço de cortiça e esfregue-o pacientemente nos dois lados do talher até as manchas sumirem por completo.

Água no assoalho

Aplique óleo de linhaça ou cera amarela sobre as manchas. Deixe repousar durante algumas horas. Lustre em seguida.

Espelho manchado

Esfregue-o com um produto para lustrar automóvel.

Verniz

Use um pano embebido em terebintina, em aplicações suaves e repetidas. Depois de retirada a mancha, cubra o local com talco durante algumas horas.

Vinil

Limpe com uma mistura de bicarbonato de sódio e vinagre branco, aplicado com pano áspero. Nunca use óleo pois o vinil perderia toda a maciez.

Marcas de calor em móveis

Use um pano embebido em polidor de prata, esfregando-o em movimentos circulares, até que a mancha desapareça. Depois, encere o móvel normalmente.

Marcas de copos em móveis

Esfregue-as com bicarbonato de sódio e um pano bem seco. Se as manchas de copo forem recentes e ainda estiverem úmidas, passe um pano macio ou uma flanela molhada em álcool canforado e seque imediatamente. Se as manchas forem mais antigas e persistentes, passe uma esponja de aço nova e seca sobre o local, seguindo o sentido dos nós da madeira.

Manchas em couro

Conforme o caso, siga uma das sugestões a seguir:

- **Gordura:** cubra imediatamente com talco e deixe ficar durante várias horas. Se não der certo, experimente deitar sobre a mancha um pedaço de papel de seda e aplicar um ferro quente de passar roupa, trocando de papel sempre que começar a ficar engordurado.

- **Mofo:** use uma solução de água e vinagre branco. Deixe secar durante muitas horas. Depois, esfregue ligeiramente com glicerina. Pode-se esfregar a superfície da peça com uma flanela embebida em limão. Evite que os objetos e roupas de couro fiquem mofados esfregando-os de vez em quando com um pano embebido em aguarrás.

- **Tinta esferográfica:** aplique álcool ou removedor de cutículas.

- **Dica:** faça essa receita caseira de um removedor de manchas em couro provocadas por tinta, gordura, frutas ou vinho:

  - 4g de cloreto de potássio
  - 60ml de água
  - 60g de ácido clorídrico
  - 15g de essência de limão

  Misture tudo e guarde dentro de um frasco contendo 90g de álcool a 80°. Aplique pelo lado do avesso, deixe secar e depois esfregue com um pano. Se houver necessidade, aplique sobre a mancha uma camada de pedra-pomes pulverizada.

Manchas em tecidos

Conforme o caso, siga uma das sugestões a seguir:

- **Café e chocolate:** use uma solução de água e amônia e enxágüe em seguida.

- **Doces e açúcar:** use uma solução de água e álcool.

- **Esmalte de unhas:** use acetona ou removedor de esmalte.

- **Vinho:** use álcool ou vinagre branco. Pode também usar suco de limão, ou uma solução de amônia bem diluída em água fria.

    Outra alternativa é aplicar água oxigenada sobre as manchas, deixando ficar durante algum tempo.

- **Manchas de frutas:** saem facilmente esfregando-as com suco de limão.

- **Goma de mascar em tecido:** embrulhe um cubo de gelo numa toalha de papel e aplique sobre o local durante cinco minutos. Logo a goma endurecerá e se soltará do tecido. Depois, limpe normalmente. Escove quando estiver bem seco.

- **Graxa de sapato:** use removedor comum, lavando em seguida com água. Deixe secar e escove.

- **Mercurocromo:** faça aplicações sucessivas de água oxigenada.

- **Perfumes:** lave a mancha com sabão em pó dissolvido em água quente. Depois, enxágüe com água.

- **Sangue e ovo:** umedeça a parte manchada com água e, depois, lave com uma solução de duas partes de água e uma de amônia. Finalmente, esfregue com um pano até que seque. Mas o melhor meio de se tirar manchas de sangue é esfregá-las pacientemente com uma pedra de gelo, colocando um pano do lado avesso, sob o lugar da mancha, para absorver o excesso de líquido. Nunca lave manchas de sangue recentes com água quente.

- **Urina:** lave imediatamente com água quente e sabão em pó. Deixe secar e, se necessário, repita a operação. Essas manchas têm que ser tiradas o mais depressa possível porque, além de desbotarem o tecido, não podem ser removidas após algum tempo.

- **Gordura sobre tecido:** ponha um mata-borrão sobre a mancha e, por cima dele, aplique um ferro de passar não muito quente.

- **Manchas sobre seda e lã:** faça uma pasta com polvilho e álcool 90°. Ponha o preparado sobre a mancha e espere até que a pasta esteja bem seca. Em seguida, esfregue e passe uma escova. Se for necessário, repita a operação.

- **Vômito:** use uma mistura de água e amoníaco. Também pode usar leite.

LAVANDERIA

Já percebeu que, não importa o quanto você as lave, as suas roupas continuam encardidas, esmaecidas e com cheiros, digamos, "estranhos"? Já se deu conta de quão rapidamente deformam e perdem o caimento?

A máquina de lavar é, de fato, uma invenção maravilhosa. Mas não se pode esperar discernimento, arte ou compaixão de uma máquina estúpida. Para certas coisas, a mão humana ainda é insubstituível.

A seguir, algumas dicas de como evitar que a sua roupa lavada pareça ter saído da boca do cachorro.

Roupas brancas

Para clarear roupas brancas que ficaram amareladas ou encardidas sem ter que usar água sanitária, experimente o seguinte:

- Numa água de anil, misture uma parte de terebintina e três de álcool, ou um grama de sal de amônia. Deixe a roupa de molho nesta solução.

- Molhe a roupa e deixe-a de molho em uma solução de uma colher de chá de amônia, uma de terebintina ou aguarrás e 200g de sabão em pó dissolvido em água fervente. Acrescente água fria, misture tudo e deixe repousar durante quatro horas. Enxágüe em seguida.

- Ferva a roupa, acrescentando à água um pouco de suco de limão.

- As roupas brancas ficarão mais bonitas se você mergulhar um saco contendo farelo de casca de ovo na água em que forem ensaboadas.

- Raspe um pedaço de sabão de coco, junte a mesma quantidade de bórax e água suficiente para cobrir a roupa. Bata até fazer bastante espuma e deixe a roupa de molho durante algum tempo, revolvendo-a de vez em quando.

Se for possível, exponha a bacia ao sol. A seguir, dê uma leve esfregada e enxágüe bem.

- A água de anil é ótima para clarear roupas brancas. Ao usá-la, porém, acrescente um pouco de carbonato de sódio para evitar que o anil manche a roupa.

Marcas de suor

A depender do caso, siga um dos conselhos a seguir:

- **Para manchas leves:** passe sabão seco no local manchado antes de molhar o tecido, deixando repousar durante algum tempo. Depois, lave normalmente.

- **Para manchas antigas:** misture sabonete com bórax em partes iguais. Umedeça essa mistura com água, apenas o necessário para formar uma pasta. Esfregue-a nos lugares manchados, deixando repousar durante algumas horas e, se possível, ao sol. A seguir, lave normalmente.

Camisas

Se os punhos e golas estão encardidos, esfregue as partes manchadas com um pedaço de sabão de coco seco antes da lavagem comum. Deixe repousar durante alguns minutos e lave normalmente.

Lenços

Basta deixá-los de molho em água salgada durante uma hora, antes de enxaguar. Para clareá-los, mergulhe-os em um litro de água fria onde foi dissolvida uma colher de chá de cremor de tártaro.

Dica: lenços de nariz não precisam ser passados a ferro se forem esticados sobre os azulejos do banheiro logo após a lavagem.

Linho branco

Deve ser lavado em água quente onde se juntou um pouco de bórax pulverizado e uma colher de essência de terebintina.

Estampados

Não podem ficar de molho, e muito menos expostos ao sol. Todos os tecidos estampados devem ser lavados rapidamente, juntando-se sal e vinagre à última água de enxaguar.

Tecidos delicados

Devem ser lavados numa mistura de uma colher de sopa de essência de terebintina para dez litros de água. Depois, enxaguar em água fria e bem salgada.

Tecidos pretos

Os tecidos pretos não perdem a cor nem encolhem se, após a lavagem, ficarem de molho durante alguns minutos em água salgada.

Flanelas e lãs

Lavam-se em água morna, juntando-se à última água uma colher de glicerina ou amoníaco, para permanecerem macias. Não torça. Deixe secar à sombra. Evite que a roupa de lã encolha ao ser lavada, derramando algumas gotas de amoníaco na água da lavagem.

Cobertores e edredons

Não se lavam na máquina e sim no tanque, usando apenas água morna, sabão de coco ou sabonete. Na falta de amaciante, junte uma colher de sobremesa de amoníaco à última água da lavagem.

Máquina de lavar roupa

Ao lavar as roupas na máquina, nunca ponha mais do que um copo de sabão dentro dela, pois o excesso prejudica a lavagem. Mas, se a espuma for excessiva, acrescente duas colheres de sopa de vinagre ou sal na água.

Supersabão contra sujeira grossa

Quando tiver que lavar roupas muito sujas faça o seguinte: em quatro litros de água quente, dissolva meio quilo de sabão em pó e meio quilo de bórax, misturando muito bem. Quando esfriar, distribua em garrafas plásticas e guarde-as tampadas. Para cada tanque de roupa, use uma xícara de chá deste preparado. Use 3/4 de uma xícara de chá na máquina de lavar roupa.

Ferrugem na roupa

Esfregue suco de limão na parte manchada e aplique um pouco de sal. Deixe repousar cerca de quinze minutos e friccione levemente com esponja e sabão de coco.

TINTURARIA

Por essa você não esperava, não é mesmo? Quer dizer que além de ser lavada a roupa também tem que ser passada? Ora bolas! E agora? Não se desespere. O trabalho é um tanto aborrecido, concordamos, mas obedecendo as dicas a seguir é até possível que você encontre alguma diversão nesta que é uma das tarefas mais enfadonhas da lida doméstica.

Sua majestade, o ferro

Mantenha o ferro de passar sempre limpo.

- Não convém limpar a base do ferro com palha de aço ou saponáceo. Molhe um pano, acrescente um pouco de bicarbonato de sódio e passe sobre o ferro frio.

- Nunca se deve raspar a base do ferro com lâminas ou esponjas abrasivas: se alguma coisa derreteu e grudou no ferro, deixe-o esfriar e só então limpe com papel ou pano.

- Se as marcas que ficaram no ferro não saírem com uma esponja embebida em vinagre, recorra, então, aos produtos que limpam prata. Depois, limpe com uma esponja e enxugue.

- Esfregue um pouco de sal fino na base do ferro antes de ligá-lo. Quando estiver quente, esfregue-o sobre um pano limpo para tirar o excesso de sal.

Passando a roupa

Antes de começar, verifique se as roupas não precisam de algum reparo para que depois não seja necessário repassá-las. Depois, siga os conselhos a seguir:

- Só as roupas completamente limpas devem ser passadas, pois o calor fixa qualquer mancha ou sujeira.

- A roupa lavada que demorou para ser passada fica às vezes com um leve cheiro de mofo, que desaparecerá se você umedecer as peças com água e sal antes de passá-las.

- Se, ao ser passada, a roupa ficar cheia de rugas, esfregue um algodão úmido no sentido dos fios e continue o trabalho.

- As marcas de dobras no tecido saem facilmente umedecendo-as com um pouco de água com amoníaco ou álcool. Ao passar, interponha um pano entre o tecido e o ferro.

- Ao passar uma roupa preta que está com aquele brilho ruço característico de roupa escura muito usada, esfregue levemente no local uma esponja embebida em água de anil bem forte. Em seguida, passe o ferro quente interpondo um pano entre o ferro e o tecido.

- Para evitar que um tecido preto fique ruço, umedeça-o com um pano molhado em água avinagrada enquanto o passa a ferro.

Jérsei

Passe com o ferro não muito quente, com o tecido umedecido e protegido por um pano limpo e seco.

Lã

Cubra o tecido com um pano bem molhado e espesso e passe o ferro bem quente por cima.

Linho

O linho deve estar bem úmido e o ferro bem quente. E boa sorte...

Dica: se quiser que o tecido de linho fique opaco, passe-o somente pelo lado avesso. Se o quiser brilhante, passe-o de ambos os lados.

Veludo

Passe sempre pelo lado avesso, sobre uma mesa de mármore. As estrias de veludo amassadas pela lavagem voltarão ao normal se você segurar o ferro bem quente acima do tecido, sem encostar. Roupas de veludo ficarão como novas se forem penduradas sobre uma banheira contendo água bem quente. O vapor faz com que o veludo se renove deixando-o esticado como se tivesse sido passado a ferro.

Veludo vincado

Para tirar vincos de roupas de veludo, ponha uma escova de roupa do lado avesso da peça e estenda um pano limpo e seco sobre o vinco, no lado direito da peça. Passe o ferro não muito quente sobre o pano. Os vincos desaparecerão.

Queimadura de ferro

Se a queimadura for suave, molhe com água e estenda o tecido ao sol. Se o amarelado for pronunciado, esfregue a mancha com um chumaço de algodão embebido em água oxigenada a 10 volumes, tendo o cuidado de pôr uma toalha felpuda por baixo do tecido afetado, para absorver o excesso. Enxágüe em seguida. Você poderá também lavar a parte queimada com água e, depois, passar água oxigenada, deixando secar ao ar livre. Ou, ainda, esfregar um pouco de maisena na área afetada e expô-la ao sol durante algumas horas. Retire a maisena com uma escova macia.

Dica: na falta dos produtos indicados, basta deixar a peça de molho em água fria imediatamente após ter sido queimada, deixando-a ali durante 24 horas.

SAPATARIA

Problemas com sapatos — A depender de seu caso, escolha uma das sugestões a seguir:

Sapatos molhados

Introduza folhas de jornal amassadas dentro dos sapatos. O papel absorverá toda a umidade, impedindo que se deformem. Para que fiquem macios novamente, esfregue-os com um pano umedecido em óleo de parafina. Se o couro estiver muito endurecido, passe uma camada fina de vaselina.

Sapatos apertados

Umedeça os sapatos por dentro, com álcool ou água, e encha-os com papel amassado, também umedecido. Aperte bem e deixe repousar da noite para o dia. No dia seguinte, retire os papéis e calce-os ainda úmidos, dando-lhes, assim, a forma de seus pés.

Dica: um envelope dobrado substitui a calçadeira perdida.

Sapatos que rangem

Esfregue o couro com um pouco de óleo de linhaça aquecido.

Sapatos novos

Se o couro for duro, amacie-o esfregando um pano embebido em azeite. Quando um sapato novo estiver muito escorregadio, lixe a sola levemente, usando uma lixa fina de madeira.

Dica: para evitar o mofo e a umidade nos sapatos, forre com tiras de mata-borrão o lugar em que ficam guardados no armário.

Sapatos fedorentos

Use talco boratado ou espalhe dentro deles – bem como em seus pés – um pouco de polvilho anti-séptico ou bicarbonato de sódio.

Dica: se quiser ter os seus sapatos de couro sempre limpos e brilhantes, lustre-os com um produto de polir móveis ou use *spray* para limpar vidros.

Engraxar

Quando tiver que engraxar um sapato e a lata de graxa estiver vazia, use cerveja choca como substituto.

Supergraxa

Um pouco de querosene e leite morno – ou uma colher de álcool – acrescentados à graxa redobram o brilho e a maciez dos sapatos.

Graxa impermeável

Siga a receita a seguir:

- 250g de sebo
- 60g de terebintina
- 125g de banha de porco
- 60g de cera

Misture tudo, formando uma pasta, e leve ao fogo até derreter. Aplique nos sapatos e deixe secar durante doze horas antes de dar brilho.

Sapatos brancos

Devem ser esfregados com algodão embebido em água oxigenada, tomando-se o cuidado de não molhá-los demais. Sapatos brancos de couro também podem ser esfregados com leite e sabão de coco. Depois de enxaguados, enxugue-os com um pano e deixe secar ao ar livre.

Tênis de pano

Mergulhe-os dentro de um balde com água, sabão em pó e uma colher de chá de amoníaco. Deixe-os ficar alguns minutos de molho. Estando bem encharcados, esfregue com uma escova. Depois, enxágüe-os e deixe-os secar muito bem antes de guardá-los, para que não mofem.

Dica: quando usar produtos à base de tinta em seus tênis, use o aplicador e distribua a tinta em camadas finas e regulares. Deixe secar à sombra.

Caça, montanha, esqui e outros sapatos esportivos

Para que esses sapatos se conservem por mais tempo, impermeabilize-os enquanto ainda novos com uma graxa especial à base de silicone. Ao fim da temporada, engraxe-os ou lambuze-os com glicerina, guardando-os recheados de jornal amassado, para manterem a forma.

Camurça

Esses sapatos devem ser limpos com uma escovinha metálica própria e em seguida com escova de borracha, sempre no sentido do pêlo. Na falta dessas escovas, use uma esponja de aço nova e seca e um pano embebido em benzina.

Dicas: manchas em sapatos de camurça são, em sua maioria, facilmente removidas quando esfregadas com um pedaço de pão branco. Quando sujarem de lama ou barro, não os esfregue enquanto molhados. Deixe-os secar, e somente então os escove. Quando estiverem ruços e lustrosos, use uma lixa de madeira bem fina.

Couros claros

Limpam-se com leite cru e uma flanela. Use um pedaço de batata crua para remover manchas renitentes.

Manchas em sapatos de couro marrom

Esfregue-as com a parte interna de uma casca de banana.

Cintos, pastas e outros objetos de couro

Antes de usá-los pela primeira vez, passe uma camada de graxa ou cera incolor por toda a superfície externa do objeto. Espere secar e lustre em seguida.

Outras dicas:

- Objetos de couro recuperam o brilho se forem esfregados com casca de laranja e, a seguir, lustrados com flanela.

- Passe sobre o objeto um pano umedecido numa solução de meio litro de água quente e duas colheres de sopa de vinagre branco. Em seguida, seque com um pano macio. Depois, aplique uma mistura de clara de ovo batida em neve com algumas gotas de terebintina. Deixe secar e lustre com flanela.

- Passe sobre o objeto um pano umedecido em uma mistura em partes iguais de leite e terebintina.

SAÚDE, HIGIENE E BELEZA

É isso mesmo. Quem cuida da casa tem que cuidar muito bem da própria saúde. O contato diário com substâncias tão abrasivas e corrosivas como as dos produtos de limpeza, as longas horas de árduo trabalho de faxina, todos esses grandes ossos do ofício doméstico levam o corpo a um estado crítico de fadiga e desgaste. E é bom você se cuidar porque senão...

A seguir, algumas dicas de como ser um dono de casa exemplar durante o dia e um galã de cinema durante a noite.

Cabelos brancos amarelados

Para tirar o amarelado dos cabelos brancos, enxágüe-os com um pouco de água e uma colher de sopa de bicarbonato de sódio depois de lavados. Espalhe e deixe secar.

Dica: se preferir os seus cabelos brancos com uma tonalidade azulada, enxágüe-os com água de anil bem diluído e deixe secar.

Tingir

Se você não gosta de ficar com os cabelos brancos, mas tem alergia a tinturas de cabelo, enxágüe-os com um chá bem forte feito com folhas de nogueira.

Cabelos castanhos ou ruivos

Ficarão brilhantes se, depois de lavados e enxaguados, forem reenxaguados com vinagre branco ou café.

Cabelos loiros

Cabelos loiros vão ficar lindos e brilhantes se você acrescentar uma colher de rum ao seu vidro de xampu.

Cabelos sujos

Não deixe de aceitar um convite para um bom programa de última hora só porque os cabelos estão sujos e engordurados e não há tempo para lavá-los. Pegue uma lata de talco e com um pente vá dividindo os seus cabelos em mechas e jogando entre elas um pouco de talco, rente ao couro cabeludo. Em seguida, escove-o bem. Verá como seus cabelos ficarão fofos e desengordurados.

Caspas

Para eliminar as caspas, bata ligeiramente uma gema com meio limão e friccione no couro cabeludo, deixando ficar durante vinte minutos. Depois, lave normalmente.

Mais caspas

Nada melhor para eliminar caspas do que limão puro. Depois dos cabelos lavados e limpos, esprema neles o sumo de dois limões grandes, esfregando bem por todo o couro cabeludo. Deixe ficar durante quinze minutos. Enxágüe a seguir.

Chicletes nos cabelos

Umedeça a parte atingida com óleo mineral ou óleo de bebê e espere alguns minutos. Depois, com calma, vá soltando o chiclete. Se não tiver óleo em casa, faça o seguinte: embeba um pano com éter, separe com a mão a mecha dos cabelos atingidos e vá passando o pano no local, de cima para baixo, até que o chiclete saia completamente. Os chicletes também sairão com muita facilidade se você passar no local um pouco de creme de limpeza de pele. Deixe ficar durante alguns minutos e, com uma toalha felpuda e seca, retire cuidadosamente o chiclete.

Cloro nos cabelos

Para retirar o cloro dos cabelos, umedeça-os com um pouco de vinagre.

Piolho

Ferva um litro de vinagre com uma pitada de sal, deixe esfriar um pouco e, quando o vinagre estiver morno, passe na cabeça e lave. Repita isso cinco vezes ao dia, durante três dias.

Quando devo cortar o cabelo?

A lua tem muita influência sobre os cortes de cabelos. Veja qual o seu caso e escolha a lua certa: lua cheia, para cabelos ralos; quarto crescente, para os que não têm bom crescimento; e nova, para quem tem muita queda de cabelo.

Creme rinse

Quando não tiver mais creme rinse, experimente usar iogurte, deixando-o agir durante um minuto. Enxágüe bem, e verá como os cabelos ficarão desembaraçados e fáceis de pentear. Um chá com algumas folhas secas de alecrim também pode servir como um bom creme rinse. Depois de pronto deixe esfriar, coe e use normalmente.

Limpeza de pentes

Deixe-os durante algum tempo mergulhados em bastante água morna com algumas colheres de sopa de bicarbonato de sódio, ou em uma solução de água fria com amônia – uma colher de sobremesa para um copo de água. Os pentes novos durarão mais se, antes de serem usados, permanecerem de molho em azeite doce durante um dia inteiro.

Limpeza de escovas

Para as escovas de náilon ficarem bem limpas basta lavá-las com água morna e xampu.

PELE

Manchas nas mãos e nos dedos

De um modo geral, todas as manchas nos dedos e nas mãos saem esfregando-as com pedra-pomes e sabão de coco. Se forem manchas de nicotina, esfregue-as com água oxigenada de 20 volumes ou com uma mistura de suco de limão e água oxigenada.

Manchas na pele

Para clarear manchas escuras na pele provocadas pelo suor e pelo atrito com a roupa, ponha sobre elas uma pasta feita de uma colher de sopa de bicarbonato de sódio, algumas gotas de limão e algumas gotas de água oxigenada a 20 volumes. Deixe repousar durante 20 minutos.

Acne

Em um vidro de boca larga, pique três maços inteiros de salsa e amasse bem, acrescentando aos poucos meio litro de água de rosas. Tampe o vidro e deixe repousar durante 24 horas. Aplique diariamente, com um algodão, insistindo nas partes mais afetadas.

Cravos e espinhas

Todas as noites, ao se deitar, pegue um cotonete, molhe-o com leite de magnésia e aplique sobre os cravos e espinhas. Após a aplicação, não lave o rosto.

Manchas no rosto

Algumas manchas no rosto saem se forem tratadas com uma pasta feita de bicarbonato de sódio e água oxigenada a 10 volumes. Espere vinte minutos e depois lave com água de rosas.

Manchas de mordidas de inseto

Diariamente, esfregue o local com uma mistura de óleo de amêndoas doces e bicarbonato de sódio.

Bronzeado

Eis aqui as receitas de alguns ótimos bronzeadores:

- Cozinhe e extraia o suco de duas beterrabas. Acrescente 150ml de álcool de cereais, 50ml de água de rosas, 30ml de glicerina líquida e 15g de bórax em pó.

- Duas partes de azeite-de-dendê coado, uma parte de mel de abelhas, uma parte de álcool e éter em partes iguais.

- Um vidro de óleo para bebê, a mesma medida de urucum, chá forte de cascas de cebola.

- Cozinhe um pouco de urucum, acrescente a mesma medida de óleo de coco e junte duas colheres de café de iodo.

- Um vidro de óleo para bebê, a mesma medida de refrigerante tipo cola e algumas gotas de iodo.

BOCA

Mau hálito

Ferva durante cinco minutos dois ramos de tomilho, três ramos de sálvia e dois limões cortados ao meio, com casca. Faça três bochechos ao dia com esta infusão.

Dica: masque folhas, cascas ou raízes de aperta-ruão, para perfumar a boca.

Dentes amarelados

Siga um dos seguintes procedimentos:

- Pique algumas folhas de goiabeira ou folhas frescas de sálvia e esfregue-as nos dentes. Faça isso duas vezes por semana.

- Escove os dentes usando uma pasta feita de açúcar com um pouco de suco de limão.

- Fumante: uma vez por semana, antes de se deitar, esfregue leite de magnésia nos dentes. Só lave a boca no dia seguinte.

- Use um pouco de bicarbonato de sódio umedecido com gotas de água.

- Escove os dentes... com morangos!

- Seus dentes também ficarão claros se, uma vez por semana, forem esfregados com um pedaço de limão.

Feridas

Para as feridas internas da boca, aplique sumo de cebola no local ou mastigue uma cebola crua. O sumo de limão também pode ser usado para desinfetar feridas, favorecendo a rápida cicatrização.

Aftas

Siga um dos seguintes procedimentos:

- Esmague folhas de saião e esfregue o sumo no local.

- Bocheche com uma infusão forte de folhas de sálvia.

- Esfregue leite de magnésia no local, deixando agir durante algum tempo.

- Aplique um algodão embebido em vinagre sobre a afta.

Lábios gretados

Use batom de manteiga de cacau ou vaselina boricada. Quando afetados pelo frio, use o seguinte preparado: 15g de mel rosado, 4g de ratânia e 1g de cera virgem.

Gengivas

Quando inflamadas, siga o mesmo procedimento para as aftas.

Bafo de alho

Siga uma das sugestões a seguir:

- Tome um copo de leite.

- Morda alguns grãos de café.

- Esfregue açúcar nos dentes e na boca.

- Tome uma xícara de chá ou de café.

PÉS

Cansados

Descanse os pés mergulhando-os durante 15 minutos numa bacia com água quente e três colheres de sopa de vinagre. Ou mergulhe-os em água quente com sabão e, logo em seguida, friccione-os com uma escova sob um forte jato de água fria.

Calos

Amasse um dente de alho com óleo de oliva quente, formando uma pasta. Aplique sobre o calo e envolva-o com gaze. Repita o procedimento diariamente até o calo secar.

ODORES CORPORAIS

Alho nas mãos

Esfregue-as com um tomate, açúcar ou com uma solução de água e algumas gotas de amoníaco.

Axilas

Siga uma das sugestões a seguir:

- Use uma solução de uma colher de sopa de bicarbonato de sódio em 200ml de álcool.

- Corte meio limão e deixe envelhecer até ficar meio mofado. Esfregue nas axilas e espere meia hora antes de lavar. Poderá também usar o limão fresco, embora seja menos eficaz.

- Passe leite de colônia nas axilas pela manhã, após o banho, e à noite. Deixe secar sem lavar.

- Aplique nas axilas uma solução de polvilho anti-séptico e leite de magnésia.

- Se você usa desodorante, adicione no frasco duas colheres de sopa de água oxigenada 20 volumes.

- Use desinfetante diluído em água.

- Aplique uma solução de uma colher de chá de bicarbonato de sódio e uma xícara de chá de álcool. Tampe e deixe descansar durante uma semana antes de usar.

Pés

Siga uma das sugestões a seguir:

- Troque sempre de sapatos e não use os de fibra sintética.

- Evite talcos à base de bórax, que só tendem a agravar o problema.

- Enxágüe os pés com uma mistura de água e bicarbonato de sódio.

- Lave os pés todas as noites com água morna e, em seguida, friccione-os com álcool iodado ou canforado.

- Mergulhe os pés numa bacia contendo água bem quente

misturada a uma boa quantidade de desinfetante, mantendo-os ali durante algum tempo.

- À noite, banhe os pés com água de anil bem forte.

- Use diariamente polvilho anti-séptico.

Bafo de tabaco

O desagradável cheiro de tabaco na boca desaparece com a seguinte solução:

- 120g de água destilada
- 24g de cloreto de cálcio

Misturar, filtrar e acrescentar:

- 120g de álcool a 55°
- 2g de óleo de essência de cravo-da-índia

Misture bem e guarde em vidro fechado. Bocheche usando uma colher de chá dessa solução para um copo de água.

PRIMEIROS SOCORROS

A vida doméstica é traiçoeira e cheia de surpresas. E os acidentes acontecem quando menos se espera. Mas não entre em pânico ao primeiro corte no dedo. Siga as instruções abaixo e suas chances de sobrevivência aumentarão incrivelmente.

O que deverá constar em sua minifarmácia:

- Água boricada
- Água oxigenada
- Água vegetomineral
- Álcool 90°
- Álcool canforado
- Algodão
- Antiácidos efervescentes
- Amoníaco
- Analgésicos
- Antialérgicos
- Antidiarréicos
- Antiespasmódicos
- Ataduras de crepe
- Ataduras de gaze
- Bolsa de água quente
- Bolsa de gelo

- Colírios
- Coramina
- Descongestionante nasal
- Esparadrapo
- Curativos transparentes
- Leite de magnésia
- Magnésia fluida
- Desintoxicante para o fígado
- Mercurocromo ou mertiolate
- Gotas para dor de ouvido
- Pomada contra queimaduras
- Seringa e agulhas descartáveis
- Medicação contra enjôo
- Pomadas antibióticas
- Pó de sulfa
- Termômetro

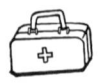

Massagem cardíaca

Ponha as mãos, uma sobre a outra, sobre o osso esterno do acidentado, pressionando-o para baixo, compassadamente, com movimentos rápidos e fortes, embora não violentos. Ao mesmo tempo, outra pessoa deverá aplicar a respiração boca a boca, alternando uma respiração a cada cinco pressões sobre o esterno.

Respiração boca a boca

Antes de iniciar, deite a vítima de costas sobre uma superfície dura, com a cabeça voltada para trás. Se o acidentado não começar a respirar, tape-lhe as narinas e abra-lhe a boca. Inspire profundamente e passe o seu ar para o paciente até sentir a expansão dos pulmões da vítima. Espere o ar ser eliminado e recomece a operação.

Dica: se estiver sozinho, alterne quatro a cinco massagens com três a quatro respirações até a chegada do socorro médico.

Afogamento

Deite o paciente de bruços. Se possível, ponha um volume sob o estômago, deixando a cabeça em nível mais baixo do que o corpo. Em seguida, faça pressão nas costas do afogado para que ele possa expelir o líquido.

Choques elétricos

Desligue a chave geral. Se isso não for possível, separe a pessoa da corrente elétrica com o auxílio de algum material isolante, ou seja: um pedaço de madeira, uma corda, um jornal enrolado, toalhas secas ou objetos de borracha. No caso de choque grave, chame urgentemente um médico ou pronto-socorro. Enquanto isso, afrouxe a roupa da vítima e a mantenha aquecida. Se as batidas do coração diminuírem, faça respiração artificial. Não tente dar água, líquido ou qualquer alimento.

Envenenamento

Primeiras providências:

- Não dê álcool de qualquer espécie para a vítima.

- Não a deixe fazer esforço físico.

- Aqueça-a para evitar um possível estado de choque.

- Não dê leite se desconhecer a natureza do tóxico.

- Não dê azeite ou óleo comestível.

- Não provoque vômitos se forem ingeridas as seguintes substâncias: ácidos, amônia, cal, inseticidas líquidos, limpadores de esgoto e líquidos de limpeza.

Se o envenenado estiver inconsciente, não tente lhe dar líquidos. Leve-o sem perda de tempo ao pronto-socorro mais próximo, trazendo consigo uma amostra do veneno ou do vômito da vítima, o que irá facilitar a rápida identificação do antídoto.

Antídoto universal da sebastiana quebra-galho

Em um litro de água misture 200g de carvão em pó, 30g de magnésio e 40g de tanino. Na falta de algum desses elementos, substitua o carvão por pão torrado; o magnésio por leite de magnésia; o tanino por chá preto da Índia. Tome às colheradas.

Ferimentos leves

Desinfete o ferimento com água oxigenada e aplique em seguida mercurocromo ou mertiolate. A seguir, cubra-o com curativo transparente. Nunca ponha esparadrapo diretamente sobre um corte ou uma ferida. Se o ferimento estiver sangrando, lave com água gelada ou comprima o corte com uma pedra de gelo. Se o sangue não estancar, queime um pequeno chumaço de algodão, deixe esfriar um pouco e aplique sobre o ferimento.

Ferimentos grandes

Pressione o ferimento com um pano limpo e procure imediatamente socorro médico.

Fraturas

Nunca tente consertar uma fratura por conta própria. Procure um médico imediatamente.

Fraturas expostas

Aplique uma gaze ou um pano limpo sobre o ferimento, mantendo a vítima deitada e imóvel. Procure socorro médico.

Hemorragia nasal

Introduza na narina afetada um tampão de algodão embebido em água oxigenada. Aplique compressas frias ou geladas sobre a testa, nariz e nuca da vítima. Mantenha a sua cabeça levantada, ligeiramente reclinada para trás.

Corpos estranhos nos olhos

Não esfregue os olhos e siga uma das sugestões a seguir:

- Feche os olhos para que as próprias lágrimas cuidem da expulsão do corpo estranho.

- Pegue a pálpebra superior e puxe-a para baixo, trazendo-a sobre a pálpebra inferior para ajudar a deslocar a partícula.

- Banhe os olhos com água filtrada ou soro fisiológico.

- Caso o corpo estranho persista e continue grudado no globo ocular, não tente mais retirá-lo. Procure imediatamente um oculista.

Ácido nos olhos

Quando um ácido ou cáustico cair dentro dos olhos, a primeira providência a ser tomada é correr para onde haja uma torneira de água fria, inclinar a cabeça para trás, deixando a água cair sobre o olho atingido, mantendo-o aberto com ajuda dos dedos, de 15 a 20 minutos, tempo necessário para evitar que o ácido queime mais profundamente o olho. Em seguida, procure socorro médico.

Queimadura de sol

Use polvilho umedecido com leite, leite de magnésia, ou qualquer linimento calcário. Poderá ainda aplicar rodelas de batata crua, ou clara de ovo batida com azeite.

Bolsa sempre quente

Misture uma pitada de sal à água. Isso vai fazer com que a sua bolsa de água se conserve quente por mais tempo.

Desidratação

Dê ao doente refrigerante tipo cola às colheradas, devagar e espaçadamente. Este tratamento também é indicado para suspender os vômitos provocados por enjôos em viagens de automóvel, avião ou navio.

Diarréia

Em um litro de água acrescente uma pitada de sal e um punhado de açúcar. Misture bem e tome em pequenos goles, continuamente, como se fosse soro. Muito bom também para se combater a diarréia é misturar uma colher de chá de sal em meia garrafa de refrigerante tipo cola, bater até espumar bem e tomar logo em seguida.

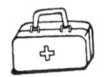

Picadas de insetos

Siga um dos conselhos a seguir:

- Aplique uma pedra de gelo sobre a picada.

- Aplique suco de cebola ou alho esmagado. A dor cessará imediatamente.

- Esfregue a parte dolorida com salsa esmagada.

- Eis um ótimo preparado para se ter em casa para tirar a dor das picadas de insetos: um litro de aguardente, duas pedrinhas de cânfora, cinco centímetros de fumo de corda. Misture tudo e deixe curar. Agite bem antes de usar.

- Passe no local picado um pouco de desodorante.

- É bom saber que os *sprays* perfumados, os tônicos de cabelo, as loções após a barba etc. atraem insetos.

- Para evitar que o local da picada fique inchado, aperte-o bem com um objeto de metal.

Atenção: se você manifestar qualquer reação alérgica a uma picada de inseto, procure socorro médico imediatamente.

Abelhas e vespas

Corte uma cebola ao meio e esfregue cuidadosamente no ferimento até a dor passar. Fluido de isqueiro aplicado logo em seguida à picada elimina a dor instantaneamente.

Carrapatos

Ao descobrir um carrapato grudado na pele, retire-o seguindo uma destas sugestões:

- Pingue uma gota de álcool, gasolina, óleo ou vaselina no local.

- Aproxime um cigarro aceso ao local onde está o carrapato.

- Aplique um chumaço de algodão embebido em amoníaco.

- Cubra o local com um pedaço de toucinho gordo. Espere algum tempo e o carrapato mudará de endereço.

- Espete-o com uma agulha quente.

- Cubra o local com esmalte de unhas. É preferível, mas não indispensável, um esmalte branco. Deixe durante várias horas ou, se possível, da noite para o dia. Ao ser removido, o carrapato sairá juntamente com o esmalte ressecado.

Olhos congestionados

Faça um banho ocular num copo com água fria bem açucarada. Abra e feche o olho várias vezes. Depois, deite-se, feche os olhos e aplique compressas frias de chá preto, mate ou camomila. Renove o algodão de vez em quando.

Conjuntivite

Quem for contaminado pela conjuntivite deve seguir os conselhos a seguir:

- Lave as mãos freqüentemente.

- Evite levá-las aos olhos.

- Não use colírios sem indicação médica, especialmente os que contêm antibióticos ou corticóides.

- Use lenços descartáveis.

- Sempre que possível, lave os olhos com soro fisiológico e água boricada.

- Use óculos escuros para evitar o desconforto causado pela claridade.

- Lave os olhos com uma solução de um grama de tintura de açafrão e 60ml de água de rosas.

Água dentro do ouvido

Pingue no ouvido afetado algumas gotas de álcool absoluto ou éter. Pode-se também pingar gotas de mertiolate incolor dentro do ouvido.

Dor de ouvido

Embeba um pequeno chumaço de algodão em azeite de oliva quente e esprema-o para sair o excesso. Ponha esse algodão dentro do ouvido afetado. Mantenha o local aquecido. Procure um médico.

Insetos dentro do ouvido

Recline a cabeça para o lado e pingue algumas gotas de óleo ou azeite, aguardando alguns instantes, na mesma posição, até que o barulho cesse. Tombe a cabeça para o lado do ouvido afetado para o óleo escorrer. Com ele virá o inseto.

Ressaca

Tome em jejum um copo de cerveja, de preferência cerveja preta, que, além de eliminar a ressaca, é boa para o estômago. E mais:

- Coma algumas ostras cruas em jejum.
- Tome dois comprimidos de vitamina C.

- Tome água gasosa em pequenos goles.
- Tome um chá de folhas de boldo.
- Tome um copo de suco de tomate.
- Tome uma taça de champanhe.
- Coma dois ovos crus de uma só vez.

OFICINA ETC.

Tudo bem. Você é um mestre da mecânica. Sabe tudo sobre máquinas e ferramentas. Mas as dicas a seguir podem ser úteis algum dia. Não vamos construir uma Ferrari. Mas vamos ensinar alguns quebra-galhos para certas situações desagradáveis que volta e meia insistem em ocorrer em meio à batalha doméstica.

Ferrugem

Para tirar ferrugem de peças metálicas, siga as sugestões:

- Esfregue a peça com uma pasta feita com cinzas de carvão e azeite doce.

- Mergulhe a peça em gasolina até a ferrugem desaparecer.

- Esfregue as peças com uma esponja de aço ou com uma escova de cerdas metálicas.

- Mergulhe os objetos numa solução de sabão em pó.

Chaves

Chaves enferrujadas ficarão perfeitas se forem deixadas de molho em terebintina durante dois dias. Depois, enxugue-as e lustre-as com um pano macio. Se as chaves estiverem sujas ou engorduradas, a melhor maneira para limpá-las é passando-as por uma chama de álcool.

Ferramentas

Ponha um saquinho de cal virgem na caixa onde ficam guardadas as ferramentas, para evitar que enferrujem. Algumas bolinhas de naftalina também ajudam a evitar a umidade, retardando o aparecimento da ferrugem.

Porca emperrada

Unte-a com uma mistura de óleo, sal e limão, e faça-a girar com uma chave inglesa.

Pregos

Para protegê-los contra a ferrugem, unte-os com uma mistura de óleo lubrificante e pó de grafite.

Parafusos emperrados

Aplique algumas gotas de querosene ou de aguarrás, ou molhe-os com um refrigerante tipo cola.

Pregos e tachas

Unte-os com óleo ou gordura para que entrem suavemente na madeira, evitando que ela se rache. Ou engraxe-os ligeiramente com sabão ou parafina.

Serrotes

Mantenha as lâminas lubrificadas esfregando sabão em barra – ou uma vela – nas laterais.

Juntas e encanamentos rompidos

Faça uma pasta grossa com sabão, gesso e um pouco de água. Aplique imediatamente no local da fenda e espere a chegada do encanador.

Rolha seca

Para não esfacelar uma rolha seca ao tentar retirá-la da garrafa, enrole primeiro um pano molhado em água quente ao redor do gargalo e aguarde alguns instantes. A seguir, use o saca-rolhas. A rolha sairá facilmente.

Borracha de desenho

Quando a borracha estiver velha e endurecida leve-a a ferver durante alguns minutos numa solução de 95% de água e 5% de carbonato de sódio.

Caneta esferográfica entupida

Encoste a ponta da caneta em um cigarro aceso, rodando-a levemente. Ou mergulhe-a em água bem quente. Em ambos os casos, tenha o cuidado para não derreter a parte plástica da ponta da caneta.

Pias entupidas

Para evitar o entupimento dos canos da pia lave-os com borra de café e água fervendo de vez em quando.

Tampas emperradas

Para abrir facilmente um pote ou vidro com tampa de metal, coloque-o de cabeça para baixo, com a parte de metal imersa em água fria, e leve ao fogo brando, deixando a água esquentar, sem ferver. Depois, com a ajuda de um pano, torça a tampa. Jamais coloque o vidro em água fervente, pois ele poderá se quebrar.

Dica: vire o vidro de cabeça para baixo, e dê-lhe duas pancadinhas de encontro à mesa. Tente abrir novamente.

Furar vidros

Quando quiser furar vidro ou cristal, pingue aguarrás na broca durante todo o tempo em que a estiver usando. O furo sairá perfeito.

Cuidados com o gás

Siga atentamente os seguintes conselhos:

• Risque o fósforo antes de acender uma boca de gás.

- Mantenha a porta do forno aberta por alguns segundos depois de acendê-lo, para evitar o acúmulo de gás.

- Troque a mangueira regularmente, e não a passe por trás do fogão. O calor do forno poderia rompê-la.

- Na hora da compra, verifique se o bujão está em ordem. Recuse-o se constatar alguma anormalidade.

- **Vazamento sem fogo:** não fume, não apague nem acenda a luz. Feche o registro do gás, abrindo imediatamente portas e janelas para arejar o local.

- **Vazamento com fogo:** não tente apagar o fogo. Feche imediatamente o registro do gás. Se isso não for possível, afaste todo o material combustível e chame o Corpo de Bombeiros.

Churrasqueira e lareira

Em vez de acender a lareira ou a churrasqueira com jornal, use um pedaço de pão velho ensopado em álcool.

Carvão em brasa

Depois de ter usado a lareira ou a churrasqueira, apague a brasa que restou jogando sobre ela um punhado de sal grosso ou refinado.

Cachorros

Algumas dicas para você cuidar de seus *pit-bulls*:

- Se o cãozinho chora muito à noite e incomoda os vizinhos, ponha um despertador de corda perto do lugar onde ele dorme. O tique-taque vai acalmá-lo.

- Para evitar as pulgas, lave o cão com água salgada e espalhe um pouco de sal nos cantos onde ele dorme.

- Um ramo da erva-de-santa-maria, colocada na casa dos cachorros, impede o aparecimento de pulgas.

- As pulgas do seu cachorro vão desaparecer em uma semana se você passar diariamente um algodão embebido em uma solução de água quente e vinagre sobre o pêlo do animal.

- Para eliminar aquele horrível "cheiro de cachorro" esfregue bicarbonato de sódio puro no pêlo do animal.

Cupim

Injete querosene em diferentes pontos da madeira afetada, usando uma furadeira de broca bem fina e uma seringa grossa.

Formigas

As formigas não atravessam barreiras de talco ou de cascas de pepino.

Viagem de férias

Antes de viajar, siga os seguintes conselhos:

- Feche os registros de água dos banheiros e da cozinha.

- Coloque um pouco de inseticida nos cantos e nas gavetas dos armários e das cômodas, para evitar o aparecimento de traças. Faça o mesmo nos colchões, para evitar a proliferação de pulgas.

- Desligue, limpe e seque a geladeira, deixando-a vazia e com a porta aberta para evitar que mofe.

- Tire o fio da tomada de todos os aparelhos eletroeletrônicos.

- Desligue a chave geral ou retire os fusíveis do relógio de luz.

- Aplique uma boa quantidade de desinfetante e feche os tampos dos vasos sanitários.

- Se houver algum aposento muito úmido na casa, ponha em um canto uma vasilha cheia de sal ou uma pilha de lenha bem seca, com casca.

- Verifique se as janelas estão fechadas e as portas externas trancadas.

Gelo sem geladeira

Escolha um dos três métodos a seguir:

- Misture meio quilo de salitre e meio quilo de amônia em pó, e dissolva a mistura em três litros de água.

- Misture três partes de fosfato de soda, duas partes de ácido nítrico, seis partes de nitrato de amônia e duas partes de água.

- Misture água, azotato de amoníaco e carbonato de sódio em partes iguais.

Luvas de borracha endurecidas

Deixe-as de molho numa mistura de 200ml de água destilada e 10 gotas de amoníaco durante 24h.

Ouro

Há duas boas maneiras para limpar objetos de ouro:

- Mergulhe as peças em álcool.

- Deixe de molho na solução de duas colheres de sopa de amônia, meio litro de água fervendo e sabão de coco.

Após a limpeza, deixe secar sobre serragem. Em seguida enxugue com pano limpo e dê brilho com uma camurça macia.

Correntes e cordões de ouro e prata

Lave sacudindo-os dentro de uma garrafa contendo água e bicarbonato de sódio. Em seguida, enxágüe na própria garrafa e seque sobre um pano.

Dica: para limpar cordões de ouro rapidamente, use um pedaço de tomate cru. Depois, é só secar e dar brilho.

Prata

À platina e à prata dá-se polimento com gesso-cré ou branco-de-espanha, misturado com um pouquinho de amônia e álcool. Se forem pequenas e houver dificuldade em retirar o pó de cré, as peças devem ser bem lavadas com água e sabão, e deixadas para secar sobre serragem. Depois, escove bem para retirar qualquer partícula que tenha aderido à peça.

- Quando a peça estiver um pouco embaçada e escura, dê-lhe brilho com água saponácea. Se estiver enegrecida, banhe-a em água com hipossulfito de sódio – 30g para cada 200ml de água –, e deixe por quinze minutos. Depois enxágüe e dê brilho com um pedaço de camurça.

- Um método antigo que também dá bons resultados é o de limpar e dar polimento às jóias de prata usando purê de batatas.

- Para os anéis, deixá-los por uma noite dentro de um chumaço de algodão embebido em azeite. Lave em seguida.

- Moedas, medalhas ou objetos de prata muito enegrecidos devem ser submergidos numa solução de água com 10% de ácido sulfúrico, por sete minutos. Em seguida, lave abundantemente em água fria, esfregando com escovinha e sabão de coco. Muito cuidado ao usar esse ácido, pois é tremendamente corrosivo.

Para limpeza das pratas

Abaixo, duas receitas de preparados para limpar e dar brilho às pratas:

- Misture 750ml de álcool, um vidrinho pequeno de amônia, algumas colheres de carbonato de cálcio ou gesso fino. Amasse até obter uma consistência mais ou menos cremosa, não muito grossa. Agite bem todas as vezes que for usar. Esfregue essa solução na prata com um pano limpo, deixe secar e lustre a seguir com flanela macia. Se for prata trabalhada, passe ao final uma escovinha macia para retirar o pó acumulado nas dobras.

- Em um vidro de boca larga, misture duas xícaras de café de polidor líquido de metais, uma xícara de café de sabão em pó e uma colher de sopa de amoníaco. Molhe uma esponja na mistura e esfregue os objetos até ficarem limpos. Não precisa lustrar. Lave com água fria e, em seguida, jogue água fervendo sobre os objetos. Enxugue ou deixe secar ao sol.

Este livro foi composto na tipologia Belucian Book em corpo 12.5/19 e impresso em papel Offset 90g/m² no Sistema Cameron da Divisão Gráfica da Distribuidora Record.